I0100131

"Repleto de información valiosa sobre la búsqueda de universidades, Con determinación, ¡logra la admisión!", impulsa a los estudiantes a tomar las riendas y moldear sus años de secundaria. A través de anécdotas genuinas y cautivadoras, y con años de experiencia como educadora, la Dra. Colón proporciona a los estudiantes de secundaria y a sus familias los conocimientos indispensables para establecer los cimientos de un exitoso proceso de solicitud de admisión universitaria".

Art D. Rodríguez
Vicepresidente y Decano de Admisión y Ayuda Financiera, Carleton College
Ex Decano de Admisión y Ayuda Financiera, Vassar College

"Siendo una figura destacada en el ámbito de las admisiones universitarias, los consejos de la Dra. Cynthia Colón resultan precisos para los estudiantes de secundaria. Cualquier estudiante que sueñe con ingresar a la universidad debería leer este libro; es ameno, divertido e informativo. Después de leer "Con determinación, ¡logra la admisión!", no tengo dudas de que tanto los estudiantes como sus padres clamarán por más consejos de su parte".

Sarah Gallagher Dvorak
Directora de Admisiones del Saint Mary's College de Notre Dame, IN

"En mi rol en Asuntos Estudiantiles, tengo la oportunidad de interactuar con cientos de estudiantes y familias cada año en el momento crítico de decidir si asistirán o no a nuestra universidad. Observo que, para muchos, aún falta una estrategia bien definida para tomar esa decisión. El libro de la Dra. Colón brindará a los estudiantes el soporte necesario para establecer sus prioridades mucho antes del plazo para tomar esta decisión crucial. A pesar de que la obra ayuda a los estudiantes a enfocar el proceso de admisión universitaria de manera intencionada, aprecio que "Con determinación, ¡logra la admisión!", insta a los estudiantes a ser reflexivos y auténticos, en lugar de simplemente ofrecer una lista de tareas a seguir".

Dra. Jayne E. Brownell
Vicepresidenta de Asuntos Estudiantiles, Universidad de Miami (OH)

3

"Con determinación, ¡logra la admisión!" es un libro que toda familia debería poseer. La Dra. Colón representa la combinación perfecta entre una madre persistente y una tía alentadora. Sus relatos se ajustan a estudiantes de cualquier origen y habilidades. Ya sea que estés buscando consejos útiles para aplicar a una universidad o desees obtener una perspectiva interna del proceso de solicitud, este libro es para ti".

Kelsey Kaplan
Subdirectora de reclutamiento de primer año, UNLV

"Lynwood Unified se ha comprometido a que todos nuestros estudiantes de último año presenten solicitudes de admisión a la universidad. Los métodos y estrategias de la Dra. Colón, fáciles de seguir, brindan a nuestros estudiantes la confianza para inscribirse, el valor para compartir sus historias, y la certeza de que presentar sus solicitudes a las universidades correctas garantizará múltiples cartas de aceptación".

Dr. Shawn Dinkins
Superintendente adjunto, Distrito Escolar Lynwood Unified

"Cynthia y yo compartimos la pasión por garantizar que los estudiantes de todos los orígenes tengan igualdad de oportunidades para acceder a las mejores universidades. "Con determinación, ¡logra la admisión!" ofrece los mismos consejos y estrategias que solía compartir cuando estuve a cargo de admisiones en Vassar College y la Universidad de Columbia. Este libro contribuye a cerrar la brecha educativa e informativa entre los estudiantes de escuelas públicas y privadas".

Tamar Adegbile
Directora de bienestar estudiantil y asesoramiento universitario, The Avenues School
Antigua responsable de admisiones: Vassar College, Universidad de Columbia

4

"La Dra. Colón ha comenzado a colaborar recientemente con mi escuela, WISH Academy High School, y hasta ahora las presentaciones y la información proporcionada han demostrado ser muy valiosas para mis estudiantes y sus padres. Esta colaboración con la Dra. Colón ha sido hasta ahora enriquecedora, reveladora y me ha mostrado cuánto ha cambiado el proceso de admisión a la universidad desde mis propias experiencias".

Dra. Kimberly Y. Johnson
Directora, WISH Community y Academy Schools

"En esta novedosa edición, la Dra. Colón desvela el proceso de admisión a las universidades más selectivas de una forma amena, mostrando historias auténticas de adolescentes y sus familias que han logrado con éxito la entrada a la universidad de sus sueños. La Dra. Colón expone un método de cuatro años detallado. Te guía desde la selección de tu programa de estudios, la elaboración de una lista equilibrada de universidades, la creación de un currículum sobresaliente, hasta el relato de una historia única en tu ensayo y, finalmente, la recepción del mensaje "¡Te queremos a TI!" de varias universidades de tu elección".

Vanna Cairns
Ex decana de Upper School, Harvard-Westlake School

"La Dra. C realizó una presentación en nuestra PTSA de South Pasadena que cautivó a los padres gracias a su método sencillo y práctico de orientar hacia la admisión universitaria, reflejado en su libro. Sus historias conmueven a todos, desde el estudiante promedio hasta el más sobresaliente. "Con determinación, ¡logra la admisión!" es la lectura ideal para padres y adolescentes por igual".

Stacey Petersen
Directora ejecutiva www.SPEF4kids.org

"Tener al estudiante como eje central en la orientación y admisión es, en mi criterio, y en el de muchos expertos y reformadores en este campo, la regla de oro. La Dra. Colón tiene un talento natural para ello; es parte integral de su persona y su vida profesional. Las historias y anécdotas de "Con determinación, ¡logra la admisión!" son testimonio de esto y de la experiencia que ella aporta al campo de la orientación universitaria".

Philip "PJ" Petrone
Codirector de Orientación Universitaria y Director de SAILL - Marymount High School, Los Angeles

"Nuestros jóvenes a lo largo del país requieren un mentor y guía que les ayude a preparar su solicitud de ingreso universitario a lo largo de cuatro años. La Dra. Cynthia Colón ofrece "Con determinación, ¡logra la admisión!" en un formato lúdico y concreto. Como graduada universitaria de primera generación y antigua consejera, ofrece vulnerabilidad, honestidad y veracidad en cuanto al proceso de admisión a la universidad. El lector puede sentir a la Dra. Colón, a través de las palabras en las páginas, animando efusivamente a los jóvenes a encontrar su pasión y su voz de liderazgo en este viaje para alcanzar su propio sueño 'imposible'".

Dra. Erin Brunner Richison
Superintendenta de Área del Distrito Escolar Unificado de San Diego

"La Dra. Colón se apoya en su vasta experiencia profesional para proporcionar una guía enérgica que ayuda a sortear lo que a veces puede ser una experiencia intimidante y complicada para los estudiantes de secundaria y sus familias. Con la credibilidad y perspectiva única de alguien que ha trabajado como consejera universitaria en institutos y como responsable de admisiones en una de las instituciones superiores más selectivas, "Con determinación, ¡logra la admisión!" se presenta como un poderoso plan de acción que debería ser lectura esencial para todos los estudiantes que planean asistir a la universidad, pero aún no saben cómo llegar hasta allí".

Sr. Casey Yeazel
Jefe de personal, Departamento de Escuelas Católicas de la Archidiócesis de Los Ángeles

"Para que cualquier adolescente pueda soñar en grande, es esencial tener referentes positivos a su alrededor. x ofrece una combinación perfecta de recomendaciones prácticas valiosas y una sustancial dosis de estímulo. Los estudiantes ya no necesitarán postergar hasta su antepenúltimo año para obtener la información necesaria para planificar y prepararse para un proceso de solicitud de ingreso a la universidad exitoso".

Jack Canfield
Coautor de la renombrada serie *Chicken Soup for the Soul®* y el autor de *The Success Principles™: How to Get from Where You Are to Where You Want to Be*

"La Dra. Colón fusiona sugerencias útiles con una visión sincera del proceso de admisión universitaria para estudiantes de todas las disciplinas. Proporciona tácticas prácticas que permiten a los estudiantes sentirse seguros e inspirados al aplicar para el ingreso a la universidad. Los padres se sentirán informados, ¡mientras que los adolescentes estarán listos y preparados para un último año libre de estrés! Le confíe mi hijo a la Dra. Colón para el asesoramiento y el soporte necesario para su admisión".

Dra. Yvonne Romero da Silva
Vicepresidenta de inscripciones, Rice University

"Con determinación, ¡logra la admisión!" es un recurso esencial para todas las familias, especialmente para los estudiantes de primera generación y las familias de color. Valoro el estilo personal y aclaratorio de la Dra. Colón. Te lo explica de forma directa, siempre desde la perspectiva de sus raíces latinas. Navegar por el proceso de búsqueda de la universidad nunca ha sido fácil para la mayoría de las familias, pero este libro te capacitará para tomar decisiones más informadas a lo largo de la secundaria".

Rodney Morrison
Vicepresidente de gestión de inscripciones, Universidad de Delaware

"La labor de Cynthia Colón en admisiones ha ayudado a muchos estudiantes a cumplir sus sueños y ahora emplea esa experiencia y esa pasión para devolver la ayuda a través de su libro "Con determinación, ¡logra la admisión!", Cynthia habla claro y comparte "perlas de sabiduría" recogidas de sus experiencias en un libro ameno y edificante para los adolescentes que aspiran a alcanzar sus sueños universitarios y más allá".

Dra. Cynthia Cherrey
Ex vicepresidenta de Vida Universitaria, Universidad de Princeton
Ex vicepresidenta de Asuntos Estudiantiles, Universidad de Tulane
Presidenta y Directora General de International Leadership Association

---

"La Dra. Cynthia Colón, una voz líder con una gran cantidad de conocimientos para transmitir, proporciona asesoramiento honesto y cuenta con una trayectoria exitosa en la asistencia a estudiantes y familias durante el proceso de selección universitaria. Ya sea usted un estudiante, un padre de familia o quizás un consejero universitario, indudablemente deseará tener el reciente libro de la Dra. Colón en su biblioteca personal".

Dr. Thomas P. Rock
Vicerrector de Asuntos Estudiantiles, Teachers College, Universidad de Columbia

---

"Lo que me fascina del libro de la Dra. Colón, "Con determinación, ¡logra la admisión!", es su lectura sencilla para todos los adolescentes que se encuentran en la etapa de ingreso a la universidad. Los estudiantes que resaltan en el libro provienen tanto de escuelas públicas como privadas, y de ciudades grandes a pequeñas de Estados Unidos. Tanto si eres un estudiante de tercera generación como de primera (al igual que yo), esta obra es una lectura esencial".

Marcela Mejía-Martínez
Vicepresidenta adjunta de admisiones, Chapman University

2

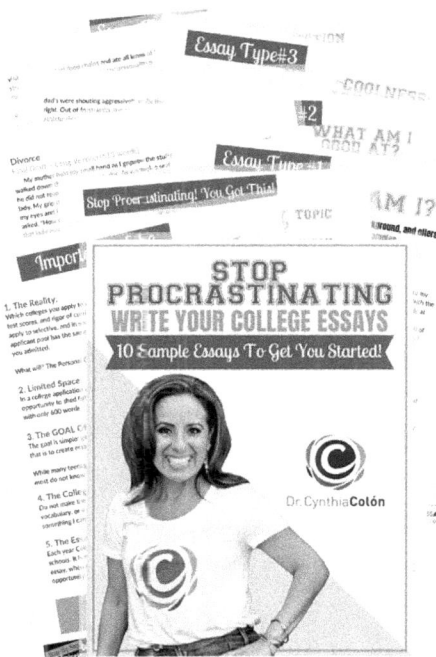

Como un regalo de agradecimiento, te invito a
descargar este paquete de ejemplos:

¡10 ENSAYOS UNIVERSITARIOS TRIUNFADORES PARA IMPULSARTE A COMENZAR!

ESCANEA EL CÓDIGO QR Y CONVIÉRTETE EN UN EXPERTO EN ADMISIONES.

CON DETERMINACIÓN,

¡Logra la admisión!

7 PASOS PARA
EL ÉXITO EN
LA ADMISIÓN
UNIVERSITARIA

DRA. CYNTHIA COLÓN

CON DETERMINACIÓN, ¡LOGRA LA ADMISIÓN!

7 pasos para el éxito en la admisión universitaria

Diseño y maquetación de cubierta por Margaret Cogswell Designs
Impreso en los Estados Unidos de América

ISBN: 979-8-9880722-1-8

Dedicado a
mis grandes alentadores
que siempre han creído en mí,
mamá y papá.

TU GRAN PLAN EN 7 PASOS

INTRODUCCIÓN:

Todo joven en su etapa adolescente requiere la guía de un mentor. Pero no cualquier mentor, sino el mentor correcto.

Mi historia comenzó en una de las instituciones educativas más antiguas del país, donde tuve la oportunidad de interactuar con universidades de la Ivy League y otras instituciones hermanas. Como una joven en mis veinte, no comprendía la trascendencia de esta oportunidad, su importancia futura y lo que descubriría sobre mí misma y el proceso de admisión a la universidad.

Siendo parte de una gran familia de 14 tíos y tías, recibía consejos sobre casi todo, excepto sobre cómo ingresar a la universidad. Mi madre, aunque no sabía cómo orientarme en este aspecto, estaba decidida a verme alcanzar mis sueños. En un viejo Oldsmobile, viajamos juntas por la autopista 110 para encontrarme con el Sr. Vargas, el mentor que tanto necesitaba. Tras ese encuentro, me propuse ingresar a la universidad. La USC se convirtió en mi hogar durante cuatro años, y después de graduarme de la universidad de mis sueños, me dirigí al este para continuar mis estudios de posgrado en el Teachers College de la Universidad de Columbia. Mis pasantías en el Barnard College fortalecieron mi perfil, lo cual resultó en una entrevista y posterior contratación en una de las facultades más antiguas del país. Un par de años después, me mudé de departamento para asumir lo que imaginé sería la glamorosa vida de una encargada de admisiones. No tenía idea de lo que estaba por descubrir.

Mi trabajo en Vassar me permitió interactuar con otros encargados de admisiones de instituciones de la Ivy League y universidades hermanas. A los 26 años, contaba con la mentoría de representantes de las 14 universidades más prestigiosas del país, y rápidamente me di cuenta de que los estudiantes de estas 14 universidades eran de un nivel completamente distinto.

Al comenzar a reclutar estudiantes para Vassar, visité escuelas privadas en todo el país. Fue entonces cuando me percaté de lo mal preparada que estaba en comparación con los estudiantes de escuelas privadas al salir de mi secundaria pública. Viajé a campus resguardados por vallas de seguridad, donde encontré edificios de ladrillo, jardines bien cuidados, estudiantes que tomaban clases de mandarín desde la escuela primaria, aulas de secundaria con menos de 15 alumnos por clase y un abanico de cursos AP disponibles. Estos estudiantes no solo tenían acceso a una amplia gama de oportunidades diariamente, sino que en las secundarias más elitistas también se celebraba un evento anual de estudio de casos, donde personas encargadas de la admisión como yo, guiaban a padres y estudiantes a través de la anatomía de las solicitudes exitosas. Estos estudiantes tenían una ventaja que el 95% de los estudiantes en el país no tenían.

Decir que estos estudiantes estaban predestinados para obtener un lugar en una de las 100 mejores universidades sería una subestimación.

Lo que comprendí más que nada, es que los estudiantes de las escuelas privadas de élite tenían acceso a una red de mentores conformada por padres, profesores, entrenadores y compañeros de clase que los precedieron. A mí, personalmente, me gusta seguir un plan, un camino, una fórmula probada que funcione, y allí, en aquellos edificios de ladrillo, estaban todas las respuestas.

Empecé a tomar notas en cada lugar que visitaba.

Estaba determinada a descifrar el código. Estudié cada secundaria a la que fui, cada estudiante que conocí. Pregunté a todos los consejeros que estuvieron dispuestos a responderme, y cada noche, anotaba mis descubrimientos en mi diario. Me convertí en una antropóloga estudiando el comportamiento de los estudiantes y una socióloga de los hábitos de las familias a las que pertenecían.

Desarrollé una obsesión por el proceso de admisión a la universidad.

Mi obsesión me llevó al elitista colegio femenino Marymount HS en Los Ángeles, donde estaban buscando mejorar el perfil de admisión universitaria de sus estudiantes. Aquí es donde puse en práctica mis hallazgos y compartí las estrategias y la sabiduría que había adquirido con mis alumnas de colegios privados. El porcentaje de estudiantes admitidas en las 100 mejores universidades empezó a aumentar, a pesar de que la demanda era cada vez mayor y la oferta de plazas disponibles era limitada. En solo dos años, las chicas fueron admitidas en Duke, Brown, Harvard, Stanford, Princeton, Yale, y la lista continúa.

Cuando digo que me obsesioné, no exagero.

Han transcurrido cerca de 25 años desde que, por vez primera, me detuve a reflexionar en las playas de Miami, anoté pensamientos en el Riverwalk de San Antonio o apunté una sugerencia o estrategia que debía compartir. En aquel entonces, y ahora más que nunca, mi propósito se centró en convertirme en la guía portátil, o como me gusta llamarlo, el "Sr. Vargas" que millones de estudiantes anhelar tener cada año. Las 30 narraciones que este libro contiene son historias arraigadas en la vida real, ejemplos auténticos y consejos útiles para ayudarte a convertir TU sueño en realidad. El objetivo del libro es otorgar a cada adolescente (y a sus familias), sin importar su procedencia, la información precisa, el acceso y la visibilidad a oportunidades que no siempre están al alcance de todos los jóvenes que aspiran a la universidad. Los adultos que figuran en el libro actúan como mentores y los estudiantes sobresalientes se presentan como ejemplos a seguir. ¡Espero de corazón poder ser tu más entusiasta alentadora!

No sostengo tener todas las respuestas; soy resultado de mi propio recorrido y de las lecciones aprendidas a lo largo de mi vida. Lo que te ofrezco es un Plan de 7 Pasos con narraciones que puedes aplicar a tu propia travesía. Cada historia se divide en tres partes fáciles de leer:

CONSEJO

Esta sugerencia surge de mi labor como consejera universitaria. Soy la voz de tu consejero, mentor y guía, todo en uno.

HISTORIA

He tenido la oportunidad de conocer a numerosos estudiantes a lo largo y ancho del país, quienes han inspirado estas dramatizaciones cortas que he decidido llamar historias. Cada una presenta una experiencia única, basada en estudiantes auténticos. Algunas surgen de mi tiempo en la secundaria, cuando me conocían como Cyndie. Otras nacen de mis experiencias en la secundaria Marymount, donde me identificaban como la Sra. Colón. Las que se desarrollan en Vassar College me reconocían como Cynthia. Las historias de la Dra. Colón se remontan a mis

CON DETERMINACIÓN, ¡LOGRA LA ADMISIÓN!

días como directora de la secundaria St. Bernard. Y las más actuales provienen de estudiantes que han participado en cursos como Dream College Academy (DCA) y/o College Essay Bootcamp. Estos últimos estudiantes simplemente me conocen como la Dra. C.

VERDAD

Esta sección refleja mis consejos honestos en mi rol de gestora experimentada en admisiones universitarias. Proporciono la realidad como guía para lo que puedes aprender de cada relato y como un recordatorio de lo que sí tienes bajo tu control en el proceso de admisión universitaria. En muchos casos, incluyo consejos útiles al final.

"Con determinación, ¡logra la admisión! 7 pasos para el éxito en la admisión universitaria" consta de siete capítulos, cada uno de ellos pensado para brindarte un plan específico en el manejo de este proceso que puede parecer desalentador. Si bien sugiero que los leas en orden, puedes hojear el índice y encontrar un consejo que necesites hoy para estimularte. Sin presiones ni juicios. Hazlo a tu ritmo. ¡Todo se enfoca en ti!

CAPÍTULO 1: TU PLAN DE CUATRO AÑOS

Ya seas el pionero de tu familia en la universidad, tengas hermanos universitarios, o tus padres sean graduados de la Ivy League, aplicar a la universidad es un desafío único para TI. Aunque pueda sorprenderte, el noventa por ciento de las solicitudes universitarias se presentan antes del último año de secundaria. Este capítulo te brinda dos reglas esenciales: encuentra un mentor y traza un plan.

CAPÍTULO 2: TU PLAN ACADÉMICO

Siendo un adolescente en camino a la universidad, estás transitando de una institución académica a otra. Por ende, es crucial ordenar tus Cualidades Académicas (CA), también conocidas como "AQ" en inglés. Este capítulo desvela los cinco pilares académicos y responde a la clásica pregunta: "¿Es preferible obtener una A en un curso regular, o una B en un curso de honor (también denominado "programas de excelencia") o un curso AP?".

CAPÍTULO 3: TU PLAN DE CURRÍCULUM

Ya sea que te atraigan los clubes, el servicio comunitario, el deporte, las artes escénicas o las organizaciones de competencia, el mensaje es claro: involúcrate y haz algo. Aunque tus Cualidades Académicas (CA) abrirán puertas, como estudiantes, se valoran tus Cualidades Personales, conocidas como "PQ" en inglés. Sin necesidad de abarrotar tu "agenda" con un sinfín de clubes, este capítulo sirve para recordarte que los estudiantes participativos son candidatos atractivos.

CAPÍTULO 4: TU PLAN DE LIDERAZGO

Si posees un liderazgo natural y/o estás considerando aplicar a las 100 mejores universidades, este capítulo es para ti. Las universidades buscan diferentes tipos de líderes, y las más prestigiosas buscan aquellos que dejan una huella. Este capítulo muestra ejemplos de cómo estudiantes reales descubrieron lo que yo llamo su "Factor de Singularidad".

CAPÍTULO 5: TU PLAN DE SUPERACIÓN PERSONAL

Este es mi capítulo favorito, ya que creo que el fracaso es el ingrediente perfecto para que cualquier adolescente encuentre el valor necesario para seguir adelante y, finalmente, tener éxito. El capítulo 5 es un recordatorio de lo extraordinario que eres y del control que ejerces en este proceso.

CAPÍTULO 6: TU PLAN PARA EL ÚLTIMO AÑO ESCOLAR

Si has seguido el plan, para septiembre del último año, el noventa por ciento del trabajo más arduo ya estará hecho. Todo lo que queda es encajar todas las piezas del rompecabezas, completar los formularios y enviarlos. Este capítulo proporciona un procedimiento detallado para elaborar tu lista de universidades, cómo elegir el tema de tu ensayo, cómo solicitar cartas de recomendación a los profesores y cómo aliviar el estrés mientras esperas.

CAPÍTULO 7: TU NUEVO PLAN TE AGUARDA

Este capítulo es un tributo al mes de abril que llega en el último año escolar. Presento una serie de dramatizaciones cortas que resaltan la alegría, el miedo, la decepción, la preocupación, la confusión y la euforia que conlleva recibir decisiones de admisión rojas, amarillas y verdes (rechazo, lista de espera, admisión). Mi mensaje es: celebra el valor que tuviste para presentar tu solicitud y la sublime emoción de cada "¡Sí!" triunfante.

Ah, y una última cosa...

Mi deseo es que no solo leas "Con determinación, ¡logra la admisión!", sino que vuelvas a consultar las ideas y lecciones más valiosas que, de alguna manera, te impactaron cuando leíste por primera vez cada relato. Cada etapa de tu vida es única, pero todos necesitamos un mentor y quien nos aliente en nuestro camino. Ten este libro a mano para cuando necesites un "mentor de bolsillo". Este libro te será de gran ayuda cuando ingreses a la universidad, solicites pasantías o becas, y cuando empieces a buscar trabajo y a diseñar tu carrera profesional.

La secundaria representa los años más formativos de tu vida. Lograrás grandes cosas, fracasarás, tomarás decisiones importantes y cometerás errores. Crearás amistades duraderas, te desilusionarás, encontrarás tu confianza y a menudo dudarás de ti mismo. Te enamorarás, te romperán el corazón y te descubrirás a ti mismo a través de estos eventos. Balancear todo esto, mientras tienes que pensar en tu futuro, es un desafío enorme para cualquier adolescente. Puede ser abrumador, lo entiendo. Pero te prometo, ningún aspecto del proceso de admisión a la universidad es insuperable con un mentor a tu lado. Si aún no has encontrado uno, permíteme hacer los honores durante tu proceso, ¡o hasta que encuentres a ese adulto que cree en ti tanto (o más) que yo!

Ahora, ¡manos a la obra!

DRA. CYNTHIA COLÓN

Capítulo 1

TU PLAN DE CUATRO AÑOS

CAPÍTULO 1
Introducción

Mientras estaba de gira reclutando estudiantes para Vassar College en regiones como Florida, Texas, Kansas, Minnesota y California, una constatación me marcó de forma inolvidable: todos los estudiantes de instituciones privadas contaban con un plan de cuatro años. A lo que me refiero es que los directores de las instituciones, los consejeros y los adultos responsables en cada escuela poseían una estrategia, un sistema y una cultura previa de acceso a la universidad, existentes mucho antes de su incorporación.

En una ocasión, entrevisté a mi madre, Lydia Franco, quien fue la primera invitada en mi podcast. Ella tenía una mensaje importante para transmitir a los padres.

La convicción de mi madre es simple: Elimina la palabra "Si" de tu vocabulario y reemplázala con "Cuando". Esto es lo que llamo el escenario de "Cuando triunfas".

A pesar de ser ella misma hija de inmigrantes, y de que su madre intentó convencerla para que rechazara las plazas que le ofrecieron en dos universidades, de alguna manera logró que sus tres hijas fueran aceptadas y cursaran estudios universitarios. ¿Su secreto? La convicción de mi madre es simple: Elimina la palabra "Si" de tu vocabulario y reemplázala con "Cuando". Esto es lo que llamo el escenario de "Cuando triunfas".

"Cuando asista a la universidad, cuando saque una sobresaliente en ese examen, cuando consiga la audición, cuando gane esa competencia..." Podría seguir, pero creo que entiendes el concepto.

Durante mi adolescencia, no me daba cuenta de que ese término tan simple que mi madre repetía constante y sonantemente (todo el día, todos los días) significaba que nunca dudé si iría a la universidad, sino más bien, la única pregunta que tenía era, ¿a cuál iría?

Ya sea que te encuentres en octavo grado o al borde de iniciar tu proceso de solicitud a la universidad, me siento orgullosa de ti. El simple hecho de que estés inmerso en la lectura de este libro me revela todo lo que necesito saber acerca de ti. TÚ has decidido que CUANDO llegue el momento de presentar tu solicitud a la universidad, ¡estarás listo!

Perfecto, ahora que has adoptado la mentalidad de solicitar admisión, ser aceptado y matricularte, necesitas un plan. En este capítulo, aprenderás cómo poner tus ideas en marcha, cómo establecer una reunión con tu consejero, cómo encontrar un mentor, y lo que necesitas hacer para revertir cualquier obstáculo en tu plan académico y de liderazgo.

Ajusta bien tu cinturón y presta atención a las auténticas lecciones de estos estudiantes reales que son, al igual que TÚ.

Manos a la obra.

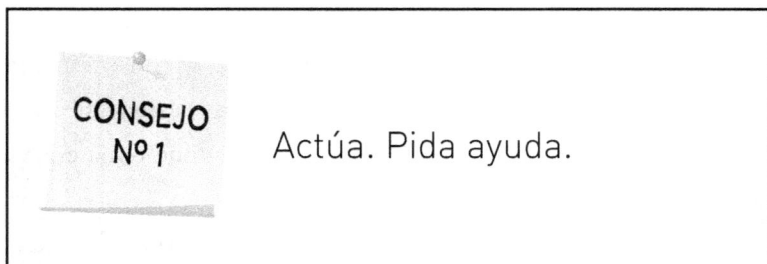

**CONSEJO
Nº 1**   Actúa. Pida ayuda.

HISTORIA:
El lugar: Zoom.

Mientras el mundo lidiaba con una pandemia mundial, parecía que nada esa noche se interpondría en las aspiraciones y sueños de 30 estudiantes de secundaria. El curso de verano en línea de la Academia Dream College (DCA) convocaba semanalmente a los estudiantes para seguir un intensivo programa de orientación universitaria que duraba siete semanas. Esa noche de jueves, contábamos con nuestra mezcla usual de estudiantes: Malik, de Virginia, Cosette, de Maryland, Jalyn y Ryan, de Texas, Caroline, de Georgia, Janah, de Illinois, y Ethan y Miles, de California.

La primera semana trató sobre la mentalidad. Los "soñadores" tenían que crear tableros de visión y publicarlos en el grupo de FB. "Dirigirse a una pantalla llena de estudiantes era cada vez menos incómodo, ya que los estudiantes sabían cómo y cuándo silenciarse a sí mismos. "Quiero ir a la USC", Ethan rompió el silencio. Ryan abrió el silencio y dijo: "Quiero jugar al béisbol profesional". Y con eso, se abrieron las compuertas. Jalyn estaba escribiendo un libro infantil, Caroline y Malik esperaban encontrar la claridad a lo largo del curso, Miles planeaba especializarse en ingeniería

26

o informática. Cosette esperó su turno hasta que compartió con orgullo: "Quiero trabajar para Disney". Vaya, pensé. Con cada participación, los alumnos se desmarcaban mientras yo contaba hasta tres y hacía "Un aplauso". La plataforma Zoom no fue el mejor en sincronizar "Un aplauso", pero cada uno sintió el elogio de todos modos.

El tiempo escaseaba, pero sabía que Janah había tenido la mano alzada desde hace tiempo, sería a quien llamaría por última vez esa noche. Con su habitación teñida de un rosa chicle de fondo, Janah se sentó erguida en Chicago y anunció: "Quiero ser la presidenta". Sin titubear, supe lo que quería expresar. Janah no dijo que quería ser una presidenta, dijo "la" presidenta. "Janah, para estar segura, ¿quieres decir que aspiras a ser la presidenta de los Estados Unidos?". Un simple "Sí" le siguió y en ese instante su apodo se convirtió en "Pequeña POTUS", por las siglas en inglés de "President of the United States".

En tan solo una semana, estos estudiantes arrancaron con gran ímpetu. Durante las semanas siguientes, con temas como "Cómo calcular tu GPA", "Cómo reforzar tu currículum", "Cómo seleccionar una especialización y crear tu lista de universidades", "Cómo redactar el ensayo", "Cómo solicitar cartas de recomendación", nuestros Dreamers ("Soñadores") aparecían en Zoom preparados con preguntas, entusiasmo y deseos de aprender unos de otros. Descubrimos que Malik era el más joven, como estudiante de segundo año, Malik tenía grandes sueños y su madre pensó que DCA era la opción perfecta para iniciar su camino. La madre de Caroline no sabía cómo ayudar a su hija en el proceso de admisión a la universidad, así que me contactó y terminó inscribiéndola en el DCA y el campamento de redacción. Este grupo se convirtió en una familia, una comunidad de aliento.

Cosette rápidamente se erigió como una líder. Ya había experimentado el proceso de admisión a la universidad en dos ocasiones, una como estudiante de último año de preparatoria y otra como candidata a un traslado. Ambas veces no tuvo éxito y no fue aceptada. Sí, dije cero. Pero Cosette no se amedrentó, fue su madre quien insistió en ayudarla a cumplir su sueño de asistir a la universidad. Cosette observó todos los módulos, todos los videos, y acudió a todas las sesiones de Zoom con un objetivo en mente: HACER PREGUNTAS. El destino quiso que, en la CUARTA SEMANA, uno de nuestros invitados trabajara para Disney. Antes de que terminara la sesión, Cosette ya tenía un plan. Annie la conectó con alguien del departamento de animación y, más adelante ese mismo verano, Cosette tuvo una reunión de una hora con un animador de Disney.

Janah siguió un ritmo lento pero seguro. Cada semana alegraba la tarde con las paredes de su casa teñidas de rosa chicle. Estudiaba a cada uno

Detrás de cada sueño hay un adolescente dispuesto a trabajar para hacerlo realidad.

de los invitados, sabía qué preguntar y continuaba alentando a sus compañeros Dreamers. Al final del verano, Janah y su madre solicitaron una reunión conmigo. Yo conocía su gran sueño y la madre de Janah sabía que ser aceptada en la mejor universidad posible acercaría a Janah a ese objetivo. A partir de ese momento, Pequeña POTUS y yo nos convertimos en un equipo.

VERDAD

Sostengo la idea de que vale la pena dar vida a todos los sueños. Cuando los Soñadores se atrevieron a compartir sus aspiraciones en voz alta entre ellos, estaban manifestando sus sueños. Detrás de cada sueño hay un adolescente dispuesto a trabajar para hacerlo realidad. Cada uno de estos Soñadores estaba resuelto a que su sueño se materializase. Al final de este libro, descubrirás lo que le pasó a Cosette y a Janah.

La verdad es que no puedes hacerlo solo. El primer paso para la acción es buscar ayuda. Solicitar apoyo puede resultar desafiante, pero aquellos que se atreven a hacerlo encuentran un ejército de porristas a su disposición.

Maestros, consejeros académicos, entrenadores, mentores, líderes comunitarios, todos están dispuestos a prestarte una mano. Te lo garantizo. Ten confianza en que pueden brindarte al menos un consejo que te facilitará el camino hacia la admisión universitaria. No se espera que los jóvenes sepan cómo hacer esto porque nunca lo han experimentado antes. Mi consejo más valioso: No intentes hacerlo solo.

Para facilitarte este proceso, te proporcionaré algunas recomendaciones útiles y concretas:

ACCIONES IMPRESCINDIBLES:

1 - Crea un correo electrónico exclusivamente para las admisiones universitarias. Mantener un correo electrónico separado simplificará tu vida y puedes solicitar a tus padres que te ayuden a abrir y mantener al día todo ese correo lleno de "cariño".

2 - Visita a tu consejero escolar si aún no lo has hecho. Él o ella es fundamental para tu éxito académico global y tu "¡Sí!" universitario.

ACCIONES RECOMENDABLES:

1 - Suscríbete a los boletines de las universidades. Aquí va un consejo favorito del entrenador Vince: "La primera vez que una universidad sepa de ti no debería ser cuando entregas tu solicitud en el último año". ¡Únete a su lista de correo para estar en su radar!

2 - Obtén una copia de tu perfil escolar. Si buscas en Google el nombre de tu escuela secundaria seguido de las palabras "Perfil de la escuela", deberías encontrarlo. Por ejemplo, si buscas en Google "Perfil de la Escuela Secundaria McKinney", encontrarás un PDF con el perfil de la escuela. Esta es la información que las universidades usan para conocer y entender el contexto de donde vienes.

ACCIONES POSIBLES:

1 - Consigue un mentor. Puedes encontrar a alguien en tu escuela dispuesto a conversar contigo sobre la universidad y aconsejarte sobre los pasos a seguir. O busca un podcast o un canal de YouTube que te guste (yo tengo ambos).

BIEN. Creo que con estos cinco pasos estarás listo para empezar. Actúa y solicita ayuda, esa es tu única tarea ahora. ¡Adelante campeones!

CONSEJO N° 2	Reúnete con tu consejero académico lo antes posible y frecuentemente.

HISTORIA:
Mi sueño pesaba menos de 225 gramos

Durante mis años en el colegio secundario, decidí darle a mi cuarto un tono amarillo. Los sábados estaban destinados a los partidos de fútbol de los Trojans, y mi regalo navideño predilecto fue la primera sudadera de la USC, un obsequio de mi gran amiga, Jess. A pesar de que ninguno de mis progenitores poseía un grado universitario, la pasión de mi padre por observar a la Banda Marchante de los Trojans en el intermedio de los partidos, inspiró mi anhelo de convertirme en una estudiante de la USC con la indumentaria cardinal y oro. Mi madre asistía a una institución comunitaria con la aspiración de ser azafata de avión. Sus sueños se vieron interrumpidos por mi nacimiento cuando ella tenía solo veinte años. Aunque mi madre estaba al tanto de mi fascinación por la USC, no comprendió del todo mi situación hasta noviembre de mi último año escolar.

Luego de una temprana jornada laboral en Moffett's Family Restaurant, llegué a casa justo a tiempo para ver el encuentro entre la USC y la UCLA. Mis hermanas habían salido con papá por el día, y yo grité: "¡Hola, mamá!". Me acomodé en el sofá para disfrutar del partido envuelta en mi acogedora manta de los Trojans, un trabajo artesanal de mi Tía Irma. Aunque a mamá los deportes no le interesaban, decidió acompañarme durante el intermedio.

"¿Qué sucede, Mariquita? Has estado muy callada toda la semana", comenzó la conversación ofreciéndome una quesadilla caliente.

"Todo el mundo en la escuela habla sobre la universidad. Las solicitudes son para después de las vacaciones navideñas". Tomé el primer bocado yel queso me goteó en la mano.

"Sí, ¿y? Tú también presentarás tu solicitud". Hice una pausa antes de responder.

"Recogí las solicitudes para todas las universidades estatales, pero no tenían ninguna para la USC en la oficina. Además, no estoy segura si quiero aplicar", dije mientras fijaba la vista en la televisión. Mi padre había abandonado el hogar hace dos años y mi madre se enfrentaba a la tarea de criar a tres hijos con un único sueldo.

"Mariquita, nunca tuve la oportunidad de seguir mis sueños, pero..."

Antes de que terminara le pregunté: "Pero ¿cómo lo pagaríamos?". Ella sonrió y lloró al mismo tiempo: "Lo resolveremos, Mariquita. Siempre lo hacemos".

La semana siguiente fue un torbellino, y mi madre parecía tener una misión. No sabía nada sobre el proceso de admisión universitaria, cómo financiarla, ni siquiera cómo obtener una solicitud para la USC. Mamá contactó a la Tía Gloria, quien se desempeñaba como directora de un colegio, y le aconsejó que llamara a la oficina de orientación de mi escuela para concertar una cita de inmediato. Mamá siguió las indicaciones al pie de la letra y en 24 horas ya teníamos una cita programada. A pesar de no tener un grado universitario, mi madre se convirtió en mi heroína esa semana.

Mamá solicitó medio día libre en su trabajo y me encontró un jueves después de clases. El Sr. Vargas, a quien solo había visto una vez, saludó a mi madre: "Sra. Colón, es un placer conocerla. Creemos que Cyndie está haciendo un excelente trabajo como presidenta de los estudiantes". Su genuina sonrisa inundó la habitación. El Sr. Vargas me aconsejó sobre cómo realizar mi solicitud para la USC, y, lo más importante, le explicó detalladamente a mi madre cómo se podía financiar una educación universitaria a través de asistencia financiera y becas. Se aseguró de que comprendiéramos todas las fechas límite y me entregó una solicitud al final de la reunión. El Sr. Vargas no pudo garantizar nada, pero me brindó aliento. Antes de dejar su oficina, programamos una nueva cita para dentro de dos semanas.

Por miedo al rechazo, dejé la solicitud intacta en la mesa del comedor. Dos semanas después, me encontré en la oficina del Sr. Vargas sin ningún progreso para informarle. Me senté con la cabeza gacha, esperando un regaño similar al de una falta en la escuela. Para mi sorpresa, el Sr. Vargas rodó su silla hasta colocarse frente a mí. Mis ojos se elevaron solo lo suficiente para contemplar su barba blanca y su rostro arrugado lleno de sabiduría. "¿Qué te ocurre, Cyndie?", preguntó con voz suave, invitándome a compartir por qué no había avanzado en la búsqueda del regalo navideño que más ansiaba.

"La USC es la universidad de mis sueños. ¿Y si no entro?". Intenté contener las lágrimas, pero una se escapó por mi mejilla.

Papá Noel esperó a que le mirara: "Nunca lo sabrás si no presentas tu solicitud".

Con esa mirada llena de certeza, supe que tenía razón. Las siguientes 24 horas fueron otro torbellino. Redacté mi ensayo, completé la solicitud y recolecté mis cartas de recomendación selladas del Sr. Vargas. El martes, después de

El consejero es un componente crucial para tu éxito escolar y en el proceso de postulación, por lo que podrías llevar una manzana o preparar un lote de galletas y pasar a presentarte.

la escuela, fui a la oficina de correos, pedí a la empleada que pesara mi paquete y pagué el franqueo.

Mi sueño pesaba menos de 225 gramos.

VERDAD:

El proceso para obtener una admisión universitaria puede ser un desafío para cualquier joven. Ya seas el pionero en tu familia en emprender una formación universitaria, tengas hermanos que ya cursan estudios superiores, o tus padres hayan obtenido títulos en una prestigiosa institución de la Ivy League, el proceso de postulación a la universidad es algo novedoso para TI. Y dado que TÚ nunca has experimentado este procedimiento, estoy aquí para apoyarte en la elaboración de un plan eficaz.

ACCIONES IMPRESCINDIBLES:

1 - ¡Busca a tu consejero académico lo antes posible! No esperes a tener un conflicto con un profesor o con tu horario escolar, y mucho menos a tener problemas por llegar tarde o por faltar a

clase (incluso si fue accidental). Dependiendo del tamaño de tu institución, puede que tome algún tiempo establecer contacto con un consejero y/o programar una cita. Si no puedes visitar la oficina, te sugiero que establezcas una buena relación con la recepcionista y solicites una reunión de 15 minutos con tu consejero para la semana siguiente.

2 - Tu objetivo como estudiante de primer año es simple: preséntate, haz preguntas pertinentes (sobre el horario, la universidad, consejos para el estudio) y deja un pequeño detalle de agradecimiento para que te recuerden. Eso es todo.

ACCIONES RECOMENDABLES:

1 - El consejero es un componente crucial para tu éxito escolar y en el proceso de postulación, por lo que podrías llevar una manzana o preparar un lote de galletas y pasar a presentarte. Este pequeño esfuerzo hará que él/ella te distinga entre un mar de estudiantes adolescentes.

ACCIONES POSIBLES:

1 - Haz una observación cuidadosa de los intereses de tu consejero, estos deberían ser evidentes en su oficina. Yo solía tener adornos de la Mujer Maravilla, osos universitarios de peluche y plumas de colores dispersos por toda mi oficina. Mis obsequios favoritos eran los que aumentaban mis colecciones. Conocer a tu consejero será la mejor inversión que puedas hacer en ti mismo.

CONSEJO
Nº 3

Busca un mentor que te
anime y te impulse.

HISTORIA:

Un sueño aplazado alza vuelo

El señor Simmons cumplía su labor en el Aeropuerto Internacional de Los Ángeles (LAX), dirigiendo aviones a diario. Conocí a su hijo, Michael Simmons, quien estaba en séptimo grado, cuando su padre asistió a la conferencia anual de la Cumbre de Ciencia, Tecnología, Ingeniería y Matemáticas (STEM). En ese evento, el Sr. Simmons estaba al final de la sala mientras Michael se apresuraba a mostrarle una medalla adornada con un barco vikingo. El Sr. Simmons señaló a su hijo y le susurró: "Guion", una palabra en código que solo Michael comprendía.

Dos años después, orientaba a padres y estudiantes de primer (denominado "freshman" en inglés) y segundo (denominado "sophomore" en inglés) año hacia el ingreso del auditorio durante la Noche Universitaria. Noté a Michael: "Qué bueno verte, ¿dónde está tu padre?". Al mirar hacia donde su hijo señalaba, encontré a mi antiguo padre adoptivo, el Sr. Jackson, y lo observé hacer su magia. De manera casual, el Sr. Jackson se dirigió al final de la sala e invitó al Sr. Simmons a unirse a él y a la Sra. Jackson.

El Sr. y la Sra. Jackson tenían una hija en su último año de escuela, que asistía a la Universidad de Marquette. Su hijo Bryce estaba en segundo año. No pasó mucho antes de que Michael se convirtiera en una especie de hijo adoptivo para los Jackson. La familia Jackson residía cerca del campus y Michael solía pasar por allí después de la escuela para tomar algo antes de su práctica de fútbol o para relajarse después de un día de trabajo con robótica. Una tarde, Michael preguntó sobre Shelia Jackson y la Universidad de Marquette. Shelia se había forjado un currículum impresionante, destacándose en servicios comunitarios, en el consejo estudiantil y con su grupo de jóvenes. La Sra. Jackson explicó que Marquette, junto con otras universidades, ofrecía becas parciales a Shelia, haciendo la universidad más accesible para su familia. Esas charlas en casa de los Jackson fueron las que motivaron a Michael a soñar con la universidad.

Cuando Michael Legó a tercer año (denominado "junior" en español), ya era el ingeniero principal del equipo de robótica y había sido nombrado director de la Cumbre STEM. Dedicó su energía a la lectura y la investigación sobre ingeniería, programación y la construcción de un robot desde cero. Durante el otoño, Michael entabló relaciones con los adultos de The Aerospace Corporation cuando visitaban el campus, preguntándoles sobre sus estudios, sus especializaciones, sus trabajos y sus prácticas. Conoció instituciones como la Olin College of Engineering, MIT y RIT, y otras más cercanas como Cal Poly, SLO, Harvey Mudd y la prestigiosa CalTech. Un alto ejecutivo de Aerospace se interesó en Michael y le ofreció un trabajo de medio tiempo en la planta durante el verano previo a su último año escolar. Su currículum STEM era impecable; había aprovechado todas las oportunidades que se le habían presentado en más de tres años, y lo único que quedaba era solicitar su ingreso a la universidad.

Además de trabajar en Aerospace los sábados, Michael pasó gran parte del verano preparándose para el SAT. Cada mañana, se levantaba a las seis para desayunar con su padre antes de que cada uno partiera a su trabajo. A las seis y media, el Sr. Simmons se ponía su chaleco y, apuntando al corazón de su hijo con su dedo índice, le susurraba: "Guion". Esta era su palabra clave para los sueños. El Sr. Simmons había nombrado a su hijo Michael Guion

La verdad es que, independientemente de tu contexto, el proceso de solicitud de ingreso a la universidad requerirá que cuentes con personas que te alienten, sean realistas, te impulsen con amabilidad, te animen y te guíen como mentores. Encuentra tu comunidad de gente que cree en tí y florecerás.

en honor a su héroe, Guion Bluford, el primer afroamericano en el espacio. El Sr. Simmons había soñado con ser ingeniero aeroespacial, pero abandonó la universidad prematuramente para criar a Michael él solo.

Michael solicitó ingreso a seis programas de ingeniería y, en abril, recibió felicitaciones de tres. Al final, eligió el programa cooperativo del Instituto Tecnológico de Rochester. El sueño del Sr. Simmons pudo haber sido pospuesto, pero en agosto su hijo tomó vuelo y cruzó el país hasta Rochester, Nueva York, de manera inadvertida. Cuatro años después, "Guion" consiguió sus alas y se convirtió en el primer graduado universitario de su familia.

VERDAD:

Si hay un solo mensaje que debes retener de este libro, es este: pregúntate a ti mismo, "Dado los recursos QUE POSEES, ¿cómo los estás maximizando?". Como encargada de admisiones, solía usar esto como un buen barómetro, una enseñanza que adquirí de JC Tesone en Vassar College.

¿Cómo se aplica esto en la práctica? Veamos un ejemplo académico. Si tu colegio ofrece dos cursos de nivel avanzado (AP, por sus siglas en inglés) y tú te inscribes en ambos, le estás demostrando al revisor que has asumido los cursos más rigurosos disponibles. Sin embargo, si los estudiantes más destacados de tu escuela se gradúan con ocho cursos AP y tú has hecho solo dos, la lista de universidades que considerarías como opciones será muy diferente a la del estudiante que tomó el programa más desafiante que se le presentó.

Hazte un favor a ti mismo. Si tus padres son ex universitarios, aprovecha sus experiencias, intercambia ideas con sus amigos, explora diversas carreras y campos de estudio. Investiga tus intereses y pon en práctica sus sugerencias. Si tienes hermanos que están cursando la universidad o que recientemente han obtenido su título, interrógalos sobre los cursos que eligieron para sus respectivas carreras, qué conocimientos o lecturas les hubiera gustado adquirir durante su etapa de secundaria para estar mejor preparados para la vida universitaria. Tus hermanos y sus amigos son una mina de información; utilízalos como fuentes valiosas de conocimiento. Algunos de ustedes pueden encontrarse en una situación similar a la de Michael, sin hermanos o padres que les hayan marcado un camino. No dudes en hacer preguntas a los adultos en tu colegio o a los padres de tus amigos para explorar las posibilidades que se abren ante ti, y busca a personas que te asistan en tu camino hacia el logro de tus metas.

La verdad es que, independientemente de tu contexto, el proceso de solicitud de ingreso a la universidad requerirá que cuentes con personas que te alienten, sean realistas, te impulsen con amabilidad, te animen y te guíen como mentores. Encuentra tu comunidad de gente que cree en tí y florecerás.

CONSEJO Nº 4	Asume el control. Revalúa tu plan académico y de liderazgo mediante una ingeniería inversa.

HISTORIA:

Apunta a la luna, pero traza un plan para alcanzarla.

"Lo lamento, Sr. Fisher, sé que aún no nos conocemos, pero no tengo el expediente de Melissa. ¿Está seguro de que no está a cargo de otro consejero universitario?"

"No, lamento la confusión, Dra. Colón. Melissa estará en segundo año como sophomore, todavía no se ha inscripto a nada".

Perpleja, proseguí: "Entiendo. ¿Aún desea que nos veamos este verano?".

"Sí, si tienes tiempo, podríamos venir la semana que viene". Con eso, fijamos una fecha para reunirnos.

El Sr. Fisher tenía un objetivo claro: que su hija ingresara a la mejor universidad posible. Su preferencia se inclinaba por la Ivy League.

Melissa y el Sr. Fisher llegaron en el horario acordado, siendo él quien llevó la voz cantante en la conversación. Regularmente, desviaba la charla hacia Melissa, quien permanecía callada a su lado. "Melissa, ¿qué te gusta hacer? ¿Qué quieres hacer? ¿En qué crees que destacarás en los próximos tres años?". Ella respondía a todas las preguntas con el mismo tono: no demostraba gran entusiasmo,

41

CON DETERMINACIÓN, ¡LOGRA LA ADMISIÓN!

pero tampoco desinterés. Siendo la mayor, sería la primera en enfrentar el proceso de admisión a la universidad y navegar por las complicadas aguas de las instituciones selectivas. Tanto el Sr. Fisher como su esposa habían estudiado en universidades de California, pero no era ningún secreto que el panorama de admisiones había cambiado notablemente en los últimos años.

Melissa expresó su afinidad por el consejo estudiantil. Como estudiante de primer año, participó en varios clubes y al final del ciclo escolar se postuló para el consejo de su clase, logrando ganar. Lideraría a sus compañeros de segundo año como presidenta de la clase cuando reiniciaran las clases en tres semanas. "Bien, esto es relevante, Melissa. ¿Y dónde sueñas con estudiar en la universidad?".

Antes de que ella pudiera responder, el Sr. Fisher interrumpió: "Estamos considerando todas las universidades de la Ivy League".

Sin prestar atención al Sr. Fisher, centré mi atención en Melissa "¿Es cierto, Melissa? ¿Eso es lo que quieres?"

El Sr. Fisher no se atrevió a interrumpir nuevamente y, como si por fin reconociera que yo estaba de su lado, Melissa se enderezó y me miró con sus ojos color avellana. "Mis preferidas son Brown y Columbia, pero también me encanta UCLA". Con una pequeña sonrisa, añadió: "Puedes llamarme Missy". Le devolví la sonrisa y le guiñé un ojo.

En los siguientes 50 minutos, los tres colaboramos en una lluvia de ideas y en la elaboración de un plan de acción. A pesar de no tener garantía de alcanzar la luna, decidimos seguir adelante. El perfil académico de la estudiante es el factor más determinante. Missy tendría que ser apta para cursar cuatro o cinco cursos de colocación avanzada (AP) en su último año, lo que implicaba cursar tres en su penúltimo año, que la prepararían para el siguiente conjunto de AP. Me complació saber que Melissa ya había sido colocada en el único curso AP ofrecido para estudiantes de segundo año, AP Historia Europea.

Esta jovencita de rostro estilizado, ojos color avellana y cabello lacio oscuro ya estaba en marcha. Realizó interrogantes sobre las pruebas SAT, de qué maestros podría contemplar obtener recomendaciones, las calificaciones requeridas y, por supuesto, su currículo. Los ojos de Missy se iluminaron cuando habló del consejo estudiantil: "Creo que me gustaría postularme para ser presidenta del cuerpo estudiantil al finalizar mi tercer año".

Con total naturalidad, simplemente pregunté: "Así como inscribirte en el curso AP Historia Europea es la jugada clave para entrar en el AP Historia de los EE. UU., ¿qué posición estratégica consideras que deberías tener en tu antepenúltimo año para poder postularte para presidenta del cuerpo estudiantil?"

Missy desglosó todas las posibilidades y alternativas, entendiendo las repercusiones políticas en un colegio exclusivamente femenino; el secreto estaba en mantenerse activa y visible sin monopolizar todos los roles de liderazgo principales. Ser presidenta de la clase dos años consecutivos casi garantizaría que estas chicas tan astutas votarían para dar a otra estudiante la oportunidad de liderar. Tras 90 minutos de planificación y estrategia, los Fisher se despidieron satisfechos. En el anhelo de Missy de apuntar a la luna, elaborar un plan era la parte sencilla. Ejecutar su plan implicaba trabajar intensamente, pasar noches en vela, reescribir trabajos semestrales, practicar después de clases, comprometerse los fines de semana y tener la audacia de persistir pase lo que pase. Esa era la parte compleja.

Sé que te pica la curiosidad, así que te lo diré, Missy terminó asistiendo a la Universidad de Brown, que es la noticia positiva. La GRAN noticias es la siguiente: siguió su plan casi tal cual lo delineamos aquel día de verano y, lo que es más crucial, su currículum académico y sus calificaciones fueron casi impecables. Se postuló y ganó el cargo de presidenta

Lo cierto es que tienes dominio total sobre cada aspecto de esa solicitud universitaria.

del cuerpo estudiantil. Además de ser una de las líderes de los equipos victoriosos del Modelo de las Naciones Unidas y de atletismo, Missy también se presentaba fuera del campus como principal representante de la escuela. El verano antes de su último año, reescribió su ensayo universitario seis veces. Estaba comprometida con sus sueños y luchó cada centímetro para lograrlos. En septiembre de su último año, Missy no sabía dónde estaría doce meses después, pero sí sabía que había tomado las riendas del proceso desde el inicio y que era la única responsable de todas las decisiones que tomaría.

VERDAD:

Como encargada de admisiones universitarias, siempre me asombraba observar cuán nerviosos se encontraban los alumnos ante el proceso de ingreso a la universidad. Con el tiempo, se hizo luz y ahora comprendo que este procedimiento puede alterar a las personas más centradas, simplemente porque sienten que carecen de control. Pero no hay que temer. Lo cierto es que tienes dominio total sobre cada aspecto de esa solicitud universitaria. Sí, he dicho total. Tal como Missy, con un poco de organización, puedes

CAPÍTULO 1

elaborar una ruta ya en el verano previo al primer o segundo año y estar preparado y equipado para la solicitud del último año.

Aclaración: no todo el mundo va a alcanzar la luna. De hecho, se requiere que una multitud de astros se alineen perfectamente para recibir un "gran" sobre de una de las 20 instituciones más selectivas del país, pero el punto es que puede suceder y sucede. Las enseñanzas que se pueden derivar de la historia de Melissa son dos: organiza un plan de estudios académicos que sea exigente y realista, y construye un currículum que refleje la extensión y profundidad de tu talento y liderazgo. Recuerda esto: cuando apuntas a la luna, a veces llegas.

CAPÍTULO 1
Recursos y nota final

Si aún no lo has notado, disfruto tener un plan bien estructurado, un ejemplo perfectamente diseñado y algunos recursos a mano. Si te has saltado la introducción, te sugiero que la revisites. Básicamente ahí relato cómo desarrollé una fascinación por las admisiones universitarias y me propuse descifrar el enigma. Te insto a que te apasiones con cualquier meta o sueño que estés tratando de conquistar. Hallar un mentor puede implicar literalmente encontrar un adulto que te respalde, pero también puede significar hallar algo que leer, observar o escuchar para adquirir las herramientas para triunfar. Si te interesa conocer más sobre algunos de los estudiantes mencionados en el relato n° 1, escanea el código QR de la sección de recursos al final del libro y te redirigirá a la lista de mi podcast en iTunes, Destination YOUniveristy. Ahí podrás escuchar directamente a: Janah (Episodio 149-152), Cosette (Episodio 121), Caroline (Episodio 90), Jalyn (Episodio 115), Miles (Episodio 100) y Ethan L. (Episodio 106).

Bien. Ahora que te has puesto en movimiento, has consultado con tu consejero, has hallado al mentor idóneo y has trazado un plan, vamos a profundizar en el aspecto más crucial: los estudios. Para tener un abanico de opciones, primeramente, necesitarás un plan académico sólido que se alinee con una especialización de tu elección, y una lista de universidades que seguramente tendrán los anhelados sobres de admisión en tu camino.

CAPÍTULO 2

TU PLAN ACADÉMICO

CAPÍTULO 2
Introducción

Durante los meses de noviembre a marzo, quienes trabajamos en admisiones universitarias conocemos dos estaciones del año: la temporada de análisis y la temporada de comités. Durante la etapa de análisis, mi labor se reducía a evaluar lo plasmado en el papel. Pronto comprendí que la solicitud para la universidad era como la versión escrita de una entrevista laboral. Imagina entrevistar a 25-30 postulantes diariamente durante casi tres meses consecutivos. Mis plumas de colores volaban por las páginas, dejando apuntes en cada una de las solicitudes. Esa era la parte sencilla.

La temporada de comités siempre me ha resultado más desafiante. Trabajar en admisiones es como estar constantemente en una encrucijada similar a la de Sophie. Apreciaba a tantos estudiantes, y la mayoría superaba los estándares, pero la realidad era que no podíamos aceptarlos a todos.

Presentaba a cada solicitante ante el comité. Leía en voz alta mis anotaciones sobre la cantidad de cursos de honor y AP, las ideas en los ensayos de los estudiantes y compartía cualquier comentario anecdótico del consejero o los docentes. Invariablemente, la única pregunta que surgía por parte de alguien del comité era: "¿Qué cursará este año?". Lo que realmente quería saber el miembro del comité es: "¿Cuenta el solicitante con los 5 pilares académicos en su último año de secundaria?" Los cinco pilares académicos abarcan: Inglés, Matemáticas, Ciencias, Ciencias Sociales y Lengua Moderna. Ese era el plan de estudios ideal para el último año de secundaria. Usualmente esta era la última consulta y tras mi respuesta, procedíamos a la votación.

Cada integrante del comité podía levantar una ficha: roja, amarilla o verde, así es como nuestras oficinas votaban a los candidatos. La mayoría decidía. Durante los comités de decisión anticipada, un estudiante requería cinco de los nueve votos, pero durante la decisión regular, ¡un admitido solo necesitaba dos de los tres votos para ganar una calcomanía verde!

Este capítulo tiene como objetivo mostrarte por qué tu perfil académico es el componente más relevante de tu solicitud de admisión a la universidad. Finalmente, es tu historial académico (y los resultados de los exámenes, si así lo eliges) lo que determinará dónde puedes solicitar ingreso.

Manos a la obra.

DRA. C

CONSEJO N° 5

Las notas son lo más importante.

HISTORIA:

Al igual que una cinta para correr, tus calificaciones deberían mostrar una pendiente ascendente, no descendente.

Durante ocho semanas, de septiembre a noviembre, acumulé kilómetros de viajero frecuente y puntos de hotel, conocí a cientos de padres y estudiantes y visité innumerables institutos. Fue el maratón que los encargados de admisiones denominamos "Temporada de captación de otoño". Aunque la mayoría de los estudiantes eran de último año, muchos de los asistentes ya estaban explorando opciones universitarias desde su segundo o tercer año. Esas eran las familias que formulaban preguntas intrigantes y que seguían con interés mis consejos una vez que me convertí en consejera universitaria en la secundaria. Tras mi presentación en el gimnasio escolar o en el salón de un hotel, se formaba una fila de jóvenes, acompañados de sus padres, listos para hacerme preguntas. Cuando una familia se retiraba, la siguiente se acercaba: "Hola, Cynthia, un gusto conocerla. Quería preguntarle si es mejor obtener una excelente calificación en un curso regular o una calificación buena en un curso de honor o de

Colocación Avanzada (AP)". Al principio, esta pregunta me dejó desconcertada, y estoy segura de que mi respuesta inicial fue torpe. No se me había ocurrido que este estudiante estaba buscando mi permiso para inscribirse en el curso menos exigente. Nunca caí en esa trampa.

La respuesta concisa a esa pregunta es: es mejor cursar el curso más exigente.

No obstante, hay dos problemas con esta pregunta. En primer lugar, al trazar y planificar tu itinerario académico cada primavera, tu recorrido debe reflejar un incremento en el rigor. Piénsalo de esta manera: no vas al gimnasio y caminas un kilómetro en la cinta de correr para siempre, ¿cierto? No, aumentas el tiempo, el ritmo y la inclinación. Incluso

La verdadera respuesta es que siempre es mejor obtener una excelente calificación en un curso de honor o de nivel avanzado. Fin de la historia.

cuando sientes que apenas puedes respirar después de 15 minutos, te empujas a ti mismo para hacer dos minutos más una y otra vez. Antes de darte cuenta, habrás pasado de caminar un kilómetro a correr una carrera de 5 kilómetros. ¡Voilà! Lo mismo sucede con la escuela. Cada año debes retar más a tu cerebro y recordar que te estás entrenando para el maratón llamado universidad. Cuanto más te prepares en el instituto, mejor estarás equipado para las exigentes demandas de tus profesores universitarios. Yo aprendí de la manera difícil que no se puede elaborar un buen trabajo de 15 páginas de la noche a la mañana.

El segundo problema inherente a la pregunta es que no deberías conformarte con una calificación aceptable. Creo en la profecía autocumplida: declárala en voz alta y se convertirá en tu verdad. En la universidad, tomé un curso de comunicación en grupos pequeños y, sí, tuvimos que trabajar en grupos pequeños. Nombramos a nuestro equipo "Frosted Flakes" (copos escarchados), el término inglés "flake" a veces se usa coloquialmente para describir a alguien que es poco confiable o inconsistente, y probablemente puedas adivinar cómo nos desenvolvíamos: éramos inconsistentes y el profesor nos llamó la atención por ello. En el momento en que te dices a ti mismo que la mejor calificación que puedes lograr es X, ya te has preparado para un trabajo mediocre que cumple con el objetivo establecido. Dicho esto, entra en la institución con

Te graduarás con las notas de ocho semestres, pero aplicarás a la universidad con el GPA correspondiente a seis semestres.

la firme creencia de que puedes lograr las mejores calificaciones posibles a través del esfuerzo, la dedicación y el compromiso de no arrepentirte de nada.

La verdadera respuesta es que siempre es mejor obtener una excelente calificación en un curso de honor o de nivel avanzado. Fin de la historia.

VERDAD:

Esencialmente, lo que debes entender es la siguiente realidad: te graduarás con las notas de ocho semestres, pero aplicarás a la universidad con el GPA correspondiente a seis semestres. Esto significa que si actualmente eres estudiante de la segunda mitad del segundo año, ya has acumulado el 50% de tu GPA universitario. Claro, el último año es crucial en términos de las clases que elijas, pero sea cual sea la meta promedio que te has propuesto, debes lograrla al concluir tu tercer año. Esto lo denomino la regla del 6 versus 8. He observado a innumerables estudiantes desear contar con un mejor rendimiento académico, y la verdad es que no tienen a quién culpar sino a sí mismos. Así que, ¡manos a la obra!

ACCIONES IMPRESCINDIBLES:

1 - Opta por la clase más desafiante siempre que sea posible.

2 - Vive sin remordimientos. Da tu 110% y nunca te cuestionarás qué hubiera pasado si...

ACCIONES RECOMENDABLES:

1 - Investiga las universidades que estás considerando para descubrir el promedio de GPA admitido.

2 - Puedes hacer lo mismo con las becas, buscando la calificación promedio mínima exigida para optar a ellas.

La conclusión es la siguiente: independientemente de tu lugar de origen, la escuela a la que asistas o los recursos con los que cuentes, tu meta debería ser mantener siempre un ascenso constante en tus calificaciones, nunca un descenso. Dicho esto, no todos encuentran fácil el camino académico. No te mortifiques por un par de calificaciones bajas en tu primer año. El mensaje es que te subas de nuevo a la cinta y sigas entrenando. Pronto estarás más fuerte tanto física como mentalmente, hallarás tu segundo aliento y descubrirás tu máximo rendimiento. Correrás hasta la línea de meta. Te lo aseguro, ¡tú tienes lo que se necesita!

CONSEJO Nº 6

Exámenes estandarizados. Toma las riendas y afronta el examen.

HISTORIA:
El SAT me susurra al oído

En su búsqueda de un programa de verano para su hija mayor, la familia Griffin dio con un prestigioso programa en Baltimore, cuya admisión requería la prueba SAT. Amie, la única de su escuela secundaria en presentarse al SAT por iniciativa propia, no comprendió su calificación inicial y la percibió como algo baja. Dos años después, en el otoño de su segundo año como sophomore, Amie y sus compañeros tomaron el PSAT. Aunque se sentía lista para superar la prueba, su puntuación no fue la que esperaba para los siguientes dos años.

Mientras Amie se encontraba en mi oficina, recordó a Yvonne, a quien había conocido en una visita a sus abuelos: "Dra. Colón, creo que llaman a Yvonne la 'Susurradora del SAT'". El padre de Amie creció en Pacific Palisades y, hasta hace poco, los Griffin pasaban casi todos los domingos en familia. Pero las demandas de la escuela privada, el voleibol, el fútbol, el atletismo y el consejo estudiantil les impedían dedicarse a otra cosa que no fuera hacer tareas los fines de semana.

Una semana después, Amie rogó a sus padres que le permitieran trabajar con la Susurradora del SAT. Esto implicaba que Amie tendría que manejar ella misma hasta el colegio los viernes y, después del entrenamiento, hasta la casa de sus abuelos. Con la aprobación de sus padres, Amie se dispuso a trabajar. La siguiente semana, la exalumna del MIT se reunió con Amie para revisar sus resultados en el SAT y PSAT, establecer metas y programar un calendario. Con grandes aspiraciones universitarias, Amie e Yvonne trazaron un plan de 18 meses con el objetivo de aumentar su puntuación en 500 puntos.

Todos los viernes, Amie se despertaba a las seis de la mañana para llegar al colegio a las 7:45. Entre las 15:15 y las 17:00, practicaba técnicas de fútbol. A pesar de estar en su segundo año, Amie deseaba mejorar su rendimiento y solicitaba a sus entrenadores 15 minutos adicionales para desarrollar la potencia de su patada y su resistencia en el campo. A las 17:30, ya estaba en camino a la casa de sus abuelos, donde le esperaban con una cena para ella e Yvonne. Yvonne estructuraba cuidadosamente las primeras dos horas de cada encuentro para estimular y ejercitar el cerebro de Amie, repetir ejercicios matemáticos, familiarizarse con datos y fórmulas, y ampliar sus conocimientos a través de la lectura en disciplinas interrelacionadas, a la vez que desarrollaba sus habilidades analíticas. La última hora consistía siempre en un examen práctico cronometrado de matemáticas, lectura, redacción y lengua, o redacción de ensayos.

Durante los primeros dos meses, no logró mejorar su puntuación en ninguna sección del examen. Sin embargo, Amie no se desanimó. Pasó por alto las invitaciones para cenar con amigos, ir al cine o salir los viernes por la noche. En febrero, ella e Yvonne

55

comenzaron a notar un avance en su puntuación. La dificultad de las clases de Yvonne crecía a medida que Amie mejoraba sus habilidades semana tras semana. El cambio decisivo ocurrió al final del sexto mes, cuando Amie aumentó su puntuación en 100 puntos. Desde ese momento, el SAT se convirtió en un susurro constante en su oído, un eco persistente que no se iba. Cada viernes se despertaba con una determinación y un enfoque diferente a cualquier otro día de la semana. Estaba decidida a mejorar su puntuación y durante los doce meses siguientes nunca miró atrás.

En la primavera de su penúltimo año, Amie se inscribió en el SAT. Al recibir sus notas, supo exactamente lo que los números representaban. Ese domingo, Yvonne fue invitada a la cena familiar de los Griffin. En su lugar en la mesa, Amie dejó una copia impresa de sus resultados del examen con una nota: "Gracias por 'susurrarme' al oído".

Un año después, Amie recibió su carta de aceptación a la Universidad de Yale. New Haven, Connecticut, se convertiría en su nuevo hogar. La familia Griffin no podría estar más orgullosa.

VERDAD:

Desafortunadamente, el SAT o ACT solía ser una necesidad incómoda en este proceso. Desde la aparición de COVID, la mayoría de las universidades han optado por la modalidad de prueba opcional y, en el caso de California, todas las instituciones públicas son ahora libres de pruebas. Celebro las decisiones de las universidades que han excluido los exámenes estandarizados como un requisito indispensable de su proceso de admisión. Felicito a estas instituciones por recordarles a los estudiantes que una sola prueba no determina quiénes son, ni pronostica el éxito universitario.

Dicho esto, aún es prematuro saber si los exámenes estandarizados serán definitivamente eliminados. Si decides no hacer el examen y/o no deseas enviar tus resultados, está perfectamente bien. Dos de nuestros participantes del taller de redacción de ensayos (que sepamos) no presentaron sus calificaciones. Ashley fue aceptada en Notre Dame y UCLA, y Osose en Princeton y Brown. Debo mencionar que muchos estudiantes, en particular aquellos que solicitan ingreso a las 100 mejores universidades, se presentan al examen y envían sus resultados. Si crees que tu solicitud se beneficiará con una puntuación de examen, entonces te animo: "¡Adelante!".

Aquí te dejo algunos consejos que suelo dar a mis clientes privados:

1 - Realiza un examen de práctica del SAT y ACT antes de tu penúltimo año.

2 - En función de los resultados y cuán cómodo te sientas, decide cuál de los dos exámenes realizarás.

3 - Sigue el ejemplo de Amie: estudia, busca un tutor o utiliza Khan Academy para mejorar tu puntuación gradualmente.

4 - Aprovecha el otoño y/o la primavera del penúltimo año para hacer el examen y tacharlo de la lista.

5 - Una vez que obtengas tus calificaciones, será decisión tuya enviarlas o no. Recuerda: TÚ tienes el control. ¡Aprovéchalo!

> **CONSEJO N° 7**
>
> Haz de las visitas universitarias una práctica frecuente. Cuantas más, mejor.

HISTORIA:

Existen múltiples colegios en este vasto mar académico. La clave está en comenzar a pescar lo antes posible.

Cuando decidí emprender un viaje por el país para propagar la historia de Matthew Vassar, un autodidacta sin descendencia que tenía la ambición de fundar una universidad a la par de Harvard y Yale, pero dedicada a mujeres, apenas podía contar con una mano las universidades que había visitado, incluyendo las dos donde estudié.

Cuando visites un lugar que sabes que no es el correcto para ti, no te angusties. Al contrario, reconforta saber que estás un paso más cerca de encontrar el indicado.

No entendí la trascendencia de visitar universidades hasta que me convertí en orientadora universitaria. Como directora de asesoría académica, recorría universidades a lo largo y ancho del país todos los meses. Los campus universitarios reunían hasta cincuenta asesores a la vez para visitar entre cuatro a seis escuelas. ¿La razón? Las universidades saben que la forma más efectiva de promover su institución es invitándote a conocerla. Por ejemplo, una de mis visitas preferidas era a un programa llamado COWS (Counselors Observing Wisconsin Schools). Íbamos en un autobús lleno de asesores de todo el país, visitando la Universidad de Marquette, el Beloit College y la Universidad de Wisconsin en Madison. Aunque la historia sobre cómo degustamos helado hecho de las vacas del campus es para otro momento, créeme, las visitas a universidades son eficaces. Hasta ahora, he visitado alrededor de doscientas universidades y todavía recuerdo algunas de mis favoritas: Northwestern, Agnes Scott, DePaul, Spelman, Clark University, Princeton, Indiana University, Miami University (OH), Denver University, St. Louis University, Duke, Redlands, UNLV, UCSB y, por supuesto, USC.

Lo que me resulta más intrigante son los motivos por los cuales me cautivan estas instituciones de educación superior. No siempre son los mismos. En algunos casos, me atrapa la belleza del campus; en otros, las personas que conozco; en otros, la mayor colección de estatuas de Estados Unidos; en uno, una piña en la cúspide de un tejado; y, a veces, simplemente las tradiciones de una universidad con más de 150 años de historia. Nunca sabes qué será lo que te llegue al corazón, por eso, sal y explora, descubre a tus posibles candidatos.

VERDAD:

Voy a ser franca, algo que los padres no siempre quieren escuchar: seleccionar una universidad es un instinto visceral. Al igual que escoger a tu pareja, simplemente lo sabes cuando es el correcto. Desafortunadamente, como en el amor, no siempre existe una atracción recíproca. Pero, con algo de suerte, cuando llegues a tu último año, habrás encontrado un grupo de universidades que te pueden hacer feliz. Nada se compara a visitar un campus universitario. Ver los edificios y el entorno, escuchar a la banda musical ensayando en el campo, conversar con estudiantes en el campus y saborear la comida mientras visitas el centro estudiantil es la mejor forma de conocer a tu posible elección. Aunque no puedas recorrer las Grandes Llanuras, las Montañas Rocosas, Nueva Inglaterra, las ciudades costeras o los estados del sur, haz lo que esté a tu alcance y te beneficiarás. Algunos de los mejores recorridos los hice al azar en el camino a un destino más distante, como la Universidad de Pittsburgh, la Universidad de Nebraska y la Estatal de Oregón. Aunque no puedas hacer una visita oficial, si puedes salir del auto y dar un paseo de treinta minutos, podrás captar el ambiente del campus.

A veces tu instinto te dice de inmediato si una universidad es para ti o no. Pero otras veces se necesitan varias visitas a diferentes tipos de universidades para empezar a descubrir cuál es la más adecuada para ti. Cuando visites un lugar que sabes que no es el correcto para ti, no te angusties. Al contrario, reconforta saber que estás un paso más cerca de encontrar el indicado.

ESTAS SON MIS RECOMENDACIONES:

Si planeas visitar los stands de universidades en una Feria Universitaria (en persona o por Zoom) haz lo siguiente:

1 - Viste para impresionar. Cuando te ves bien, te sientes bien, y cuando te sientes bien, sonríes. Así que lávate la cara, ponte tu mejor camisa y preséntate.

2 - Prepárate con preguntas pertinentes. En lugar de esto, solo necesitas unas cuantas preguntas abiertas y relevantes. Por ejemplo, "Háblame de las opciones de carreras para alguien interesado en la

ciencia o la escritura" en lugar de "¿Ofrecen una carrera en periodismo?". O "Explícame qué es lo que más disfrutan los estudiantes de la vida universitaria" en lugar de "¿Tienen fraternidades y sororidades?".¿Notas la diferencia? Evita preguntas que puedan ser respondidas con un simple "sí/no".

3 - Familiarízate con la diferencia entre universidades privadas y públicas, universidades de artes liberales y universidades de género único. Entiende que existen universidades de dos años, de cuatro años, técnicas, culinarias

Cuando te ves bien, te sientes bien, y cuando te sientes bien, sonríes. Así que lávate la cara, ponte tu mejor camisa y preséntate.

y especializadas. Te invito a que apliques el método de "Ricitos de oro" y explores todos los tipos de universidades.

UNA VEZ QUE ESTÉS LISTO PARA LAS VISITAS EN PERSONA AL CAMPUS, SIGUE ESTE PROTOCOLO:

Antes de tu llegada:

1 - Planea con antelación. Ingresa al sitio web de la universidad, da clic en ADMISIONES y busca el enlace donde puedas reservar un lugar para una visita de estudiantes de admisión.

2 - ¿Qué es una visita guiada por el campus? La visita al campus generalmente está dirigida por un embajador estudiantil y puede durar entre 60 y 90 minutos.

3 - ¿Debería asistir también a una sesión informativa? Un encargado de admisiones usualmente dirige una sesión informativa y es probable que este revise las solicitudes y participe en la toma de decisiones sobre los posibles candidatos. Si tienes tiempo para

la visita y la sesión, asiste a ambas. Si no, elige una y reserva tu lugar.

Una vez en el campus:

1 - Procura llegar con antelación para asegurarte un sitio de estacionamiento.

2 – Ve preparado con algunas preguntas. Consulta las sugerencias anteriores.

3 - Mantén tu teléfono apagado y los ojos bien abiertos. Te sorprenderías de lo que puedes aprender simplemente observando los tablones de anuncios, leyendo el periódico de la escuela y escuchando a los estudiantes.

4 - No olvides tomar algunas fotografías. Estas imágenes pueden servir para recordar aspectos que te parecieron llamativos o que te ayudarán a recordar la visita en un futuro.

5 - Solicita a algún personal del lugar el nombre y el correo electrónico del encargado de admisiones asignado a tu centro. Si deseas hacer un seguimiento posterior, es útil saber a quién debes dirigirte.

Inmediatamente después de tu visita:

Toma tu teléfono o una libreta universitaria y anota tus impresiones. Dedicarle cinco minutos a escribir de manera libre te permitirá plasmar tus sentimientos iniciales: lo bueno, lo malo y lo feo. Apunta ideas sueltas, escribe un párrafo o haz dibujos o garabatos sobre lo que te venga a la mente. Procura escribir algo en la libreta un par de horas después de la visita.

> | CONSEJO
Nº 8 | Presenta tus solicitudes A TIEMPO. Mantén un registro de tus logros. Demuestra GRATITUD. |

HISTORIA:
La escuela secundaria: Tu entrevista laboral para la universidad

Algunas universidades ofrecen un espacio adicional para que los solicitantes respondan a una pregunta particular exclusiva de esa institución. En Vassar, el nuestro se denominaba "Mi espacio". Básicamente era una hoja en blanco donde podías crear, redactar, dibujar, pintar y enviar casi cualquier cosa. Algunos de los elementos dignos de ser recordados incluyen un zapato que fue entregado con la frase: "Ahora ya tengo un pie en la puerta". Otro estudiante realizó un autorretrato completamente hecho con gominolas, y uno de mis favoritos personales era un libro infantil escrito e ilustrado por el solicitante.

A pesar de lo divertido que resultaba descubrir el "Mi espacio" de cada estudiante, cuando me preguntaban sobre esta sección de la solicitud, prefería enfocarme en los tres hábitos claves para garantizar que tres componentes fundamentales de tu solicitud (expediente académico, currículum y cartas de recomendación) sean lo más destacables posible. Permíteme decirlo de esta manera: mientras estás en el colegio, estás en una entrevista que dura entre tres y tres años y medio. Pasar horas, días o semanas en esa pregunta peculiar o construyendo un modelo a escala del puente sobre el río Hudson no te garantizará el éxito por sí solo. Tu expediente académico, currículum y cartas de recomendación son elementos que se desarrollarán con el tiempo y no pueden, idealmente, ser creados o fabricados a última hora. Aquí están los tres hábitos claves que deberías cultivar, basados en mi experiencia como responsable de admisiones universitarias y consejero de orientación.

Preséntate PUNTUALMENTE:

Nayeli, o "Naya", vivía a unos 55 km de su centro educativo, distancia que, en el tráfico del sur de California, puede representar horas. Naya y su padre, el Sr. Núñez, partían de su hogar cada mañana a las 6 a.m. A pesar de la lejanía, la familia Núñez

Un docente puede pintar un retrato fiel de quién eres como individuo en pocas palabras.

elegía residir en Long Beach por su fácil acceso al metro, la transitabilidad de sus barrios, los establecimientos culinarios de moda y la cercanía del océano. El Sr. Núñez, un ferviente defensor del transporte público, había instruido a Naya en el arte de moverse por la ciudad en tren y bus. En contadas ocasiones, cuando el Sr. Núñez tenía reuniones cerca del hogar, Naya podía llegar por su cuenta al colegio, nunca llegando tarde. Su amor por el colegio, sus profesores y su participación en distintas actividades mientras esperaba que su padre la recogiera para el largo viaje a casa, la hacían destacar. Respetaba su educación y, a diferencia de otros alumnos que vivían más cerca y solían llegar tarde, Naya jamás interrumpiría una clase. Llegar tarde simplemente no valía la pena para ella.

Documenta tus logros:

Ignacio, o "Nacho", un joven criado por su madre soltera, mostró habilidades desde que aprendió a caminar. A Nacho le encantaba cantar, bailar, tocar instrumentos, pero lo hacía por pura diversión. Su madre lo inscribió en toda clase de actividades para descubrir sus talentos, y pronto descubrió que Nacho tenía un paladar para el sushi desde muy joven, un talento innato para el kárate, y una atracción por los colores brillantes del anime. Nacho recibió el cinturón negro junior en kárate a los 14 años y su dedicación al arte le permitió trabajar como asistente de su Sensei. A pesar de la abundancia de

Cada día en la secundaria tienes la oportunidad de moldear y manifestar quién eres para el mundo.

sus logros, su madre se encargó de documentarlo todo. Cada seis meses, Nacho y su madre se sentaban juntos para registrar sus logros. Esa lista era su motivación para continuar su camino de superación.

Sé agradecido:

Niko creció en una familia grande con dos padres y tres hermanos, cada uno con su propio espacio. Sus padres, oriundos de Kokomo, Indiana, en el medio oeste, habían tenido una infancia muy diferente, con antecedentes humildes. Hicieron hincapié en fomentar la lectura e imaginación de sus hijos en lugar de actividades juveniles típicas como ver televisión o jugar videojuegos. Como resultado, Niko desarrolló un amor por los experimentos y el aprendizaje. Su curiosidad le permitía hacer preguntas desafiantes a sus profesores, lo que llevaba a nuevas discusiones y debates en el aula. Esta disposición y curiosidad genuina fue apreciada por sus profesores. Al finalizar cada clase, Niko siempre se despedía con un sincero agradecimiento, "Gracias, Sr. Cendejas" o "Excelente clase, Dr. Edwards".

VERDAD:

Creas o no, los profesores y orientadores plasman sinceridad en cada una de esas cartas de recomendación, y tarde o temprano te verás solicitando que se conviertan en tus abogados ante la universidad. Aun si sus elogios sobre tus logros académicos y liderazgo comunitario parecen exagerados, un docente puede pintar un retrato fiel de quién eres como individuo en pocas palabras. Atiéndeme cuando te digo que su único anhelo es verte triunfar. Si eres alguien que llega a tiempo y que lleva un inventario de sus logros, tendrás suficiente material para la correspondencia con tu profesor. Un detalle que destacará será el agradecimiento que demuestres al terminar la clase y el genuino interés que muestres en ella.

Solía sugerirles a los docentes que concluyeran sus cartas con alguna de estas afirmaciones: "Calyn es el mejor alumno de mi quinto periodo", o "Larry es el mejor estudiante a quien he instruido este año", o "Montana es uno de los escritores más destacados que he conocido en los últimos cinco años", o "Brandon es, sin duda, uno de mis mejores estudiantes en mis veinte años de carrera docente". Con esta oración al inicio o al final de la carta, el docente nos proporciona claramente la información que requerimos. Y aquí puedes emplear varios adjetivos: el líder más destacado, el estudiante más amable, el más compasivo, el mejor debatiente, el más laborioso, etc.

La realidad es que posees fortalezas evidentes como estudiante y miembro de tu comunidad. Sea lo que sea, esfuérzate por ser el mejor en ello. Cada día en la secundaria tienes la oportunidad de moldear y manifestar quién eres para el mundo. Si sueles llegar tarde, no hay problema; proponte ser puntual durante los siguientes treinta días y se convertirá en una costumbre. Si eres un estudiante de segundo año y aún no te has integrado en el campus, no te inquietes; hay un sinfín de organizaciones que están esperando tu participación, así que ponte en marcha. Y si nunca has pensado en expresar tu gratitud a tus profesores, es el obsequio más valioso que puedes brindarles. Un simple "gracias" al despedirte en la puerta te beneficiará enormemente. Confía en mí, él o ella lo notarán.

CAPÍTULO 2
Recursos y nota final

Si te interesa conocer más sobre algunos de los estudiantes mencionados en el relato 6, escanea el código QR en la sección de recursos al final del libro y serás redirigido a la lista de mi podcast, Destination YOUniveristy, en iTunes. Allí podrás escuchar directamente a: Ashley (Episodio 112), Osose (Episodio 110). Si deseas convertirte en un "soñador", puedes encontrar más información sobre Dream College Academy (DCA) en mi sitio web, **www.drcynthiacolon.com**.

¡Mira eso, ya estás al final del capítulo 2! Felicitaciones. Tus calificaciones y resultados de exámenes determinarán a qué universidades puedes postular y mientras antes empieces tu búsqueda universitaria, más preparado estarás. Ah, y no olvides: se puntual, mantén un registro de tus actividades y expresa agradecimiento. Estos hábitos esenciales te permitirán comenzar a dirigir tu propio destino en el proceso de admisión universitaria. Recuerda que el 90% de tu solicitud se lleva a cabo mucho antes del último año. No dejes para mañana lo que puedes hacer hoy. Tú tienes el control de este proceso.

Próximo paso: completar tu currículum.

¡Manos a la obra!

Capítulo 3

TU PLAN DE CURRÍCULUM

CAPÍTULO 3
Introducción

Existen casi 3.000 universidades de cuatro años repartidas por el país. Te diré algo, la tasa promedio de aceptación es del 65%. Si estás leyendo este libro, te aseguro que serás aceptado en múltiples universidades. Y si bien mi recorrido profesional como encargado de admisiones y asesor universitario me ha llevado a trabajar con estudiantes interesados en las universidades más selectivas, este libro está diseñado para todos los adolescentes que desean acceder a la universidad. Cuando yo tenía tu edad, trabajaba académicamente

> *En cualquier grupo de postulantes, las CA serán parecidas entre los estudiantes, pero serán las Cualidades Personales (PQ) las que te harán sobresalir.*

lo suficiente para mantenerme competitivo entre mis compañeros, pero te aseguro, no sacrificaba mi sueño para conseguir ese "+" en mi A. Cursé varios programas de Honores y ni uno solo de AP. Sí, es cierto.

Lo que más disfrutaba de la escuela eran las actividades divertidas. Fui líder de porristas, participé en el Key Club, en el equipo de perforación, y fui la presidenta del consejo estudiantil en mi último año. Me apasionaba planificar las asambleas estudiantiles y anunciar noticias diarias por el altavoz de la escuela. Al igual que a muchos, me encantaba participar.

Ya sea que te atraigan los clubes, el servicio comunitario, los deportes, las artes escénicas, el consejo estudiantil o las organizaciones competitivas, el mensaje de este capítulo es que te involucres y actúes. No te limites a los ejemplos convencionales que se presentan en este capítulo. Hay innumerables maneras de hacer algo que te apasione. Recuerdo a algunos de mis alumnos de ensayo que escribieron sobre pesca submarina, coleccionismo de mapas, preparación de sushi, creación de ritmos musicales, compras de ropa de segunda mano, ganchillo, lectura, colecciones extensas de zapatos y, simplemente, cuidado de hermanos, padres o abuelos enfermos. Todo esto cuenta y debe ser incluido en tu currículum. Te lo aseguro.

Aunque tus Capacidades Académicas (CA) te permitirán abrir puertas, será tu currículum personal el que finalmente determinará tu admisión. En cualquier grupo de postulantes, las CA serán parecidas entre los estudiantes, pero serán las Cualidades Personales (PQ) las que te harán sobresalir. Y aunque no necesitas llenar tu "carné de baile" con una lista interminable de clubes, este capítulo sirve como recordatorio de que los estudiantes comprometidos son candidatos atractivos.

Manos a la obra.

CONSEJO Nº 9

Dedícate a lo que te apasiona.

HISTORIA:
Temas de conversación

De vez en cuando, se cruza en nuestro camino un candidato que parece "perfecto". Tenemos a Brenda, que aspira a ser enfermera, ha dedicado sus últimos dos años a ser voluntaria en el hospital de la localidad, se gana un dinero extra cuidando niños y ha obtenido su insignia de oro en las Girl Scouts confeccionando y recolectando mantas para recién nacidos. O está Noah, que ha jugado al fútbol desde que tenía tres años, ahora capitanea tanto su equipo escolar como el de su club, colecta zapatillas de fútbol y uniformes cada año para donarlos a jóvenes jugadores en México, lidera el club Futuros Líderes Empresariales de América y aspira a especializarse en negocios, con énfasis en gestión deportiva. ADMIRABLE. Admirable.

Si estás en la secundaria o en el primer año de bachillerato, esto puede parecerte extraño. Estos candidatos "perfectos" (no hay tal cosa) no han surgido de la nada. Cada estudiante atraviesa un proceso de descubrimiento, intentando responder a las siguientes preguntas: ¿Con quién? ¿Qué? ¿Cuándo? ¿Cómo? y ¿Por qué? (CQCCP). ¿Con quién te gusta pasar el tiempo? ¿Qué te apasiona?

¿Cuándo dispones de tiempo en el día? ¿Cómo puedes contribuir con tus talentos? ¿Por qué es importante para ti?

Al igual que las calificaciones y los resultados de los exámenes describen lo que los responsables de admisiones llaman tus "CA" (Cualidades Académicas), tu currículum extracurricular revelará a los evaluadores tus "CP" (Cualidades Personales) o "PQ" por sus siglas en inglés. Sin querer menospreciar tu perfil académico, es importante recordar que todos los candidatos presentan una media de calificaciones y una puntuación de examen. Por ahora, asumamos que todos empiezan desde el mismo punto en términos de CA.

Como asesora universitaria, te animo a que comiences a desarrollar tu currículum lo más pronto posible. Para algunos estudiantes, su currículum está inundado de actividades de artes escénicas: teatro, danza y concursos de actuación. Tal vez a otra estudiante también le gusten las artes escénicas, pero sólo participa en otoño porque su contribución principal es en el equipo de robótica, que compite en primavera. Para aquellos estudiantes que disfrutan más en el campo o en la cancha, podrían mostrar su talento oculto cantando en el coro de la iglesia. Los líderes emergentes pueden descubrir su pasión por la oratoria y perfeccionarla uniéndose al equipo de debate o convirtiéndose en embajadores de la escuela. No hay una sola ruta hacia la universidad. Ni hay nadie exactamente como tú. Eres único, y las oportunidades son ilimitadas en cuanto a qué hacer y cómo sumergirte en la diversión escolar.

Si te resulta complicado integrarte en nuevos clubes y conocer a nuevos amigos, ten la seguridad de que no eres el único. ¿Por qué no invitas a un compañero de clase a la reunión del club? O aún mejor, pídele a mamá o papá que horneen o compren algunas galletas para llevar a la reunión, y seguro serás el centro de atención. Cuanto más esperes para unirte a un club, probarte en un equipo y explorar nuevas actividades, más fácil será seguir enganchado a tu smartphone y a los videojuegos. Eso puede parecerte conveniente ahora, pero cuando llegue

Cuando te interesas por el mundo que te rodea, te transformas en un candidato más interesante.

el momento de enviar una solicitud a la universidad, no tendrás mucho de qué hablar y corres el riesgo de tener las CA, pero muy pocas CP.

Tu única tarea en la vida ahora mismo es ir a la escuela. Así que, ¿por qué no te diviertes, pruebas nuevas aventuras, desarrollas una habilidad y sales de tu zona de confort? Los adultos de hoy piensan que demasiados estudiantes están pegados a sus teléfonos, computadoras y videojuegos; y como resultado, sus miradas están fijas en una pantalla en lugar de explorar el mundo que les rodea. Te animo a que aproveches al máximo la secundaria, porque algún día añorarás volver a ser un adolescente.

Así que, ¡ve y déjanos a todos con algo de qué hablar!

VERDAD:

El proceso de revisar una solicitud siempre me resultó fascinante; era como tomar un viaje por la vida del estudiante, examinando quién es y qué es lo que le llena de orgullo. En una jornada habitual de lectura, capturaba las actividades más asombrosas y las aventuras emocionantes del solicitante. Tomaba nota de los puntos centrales de su ensayo personal y el carácter que emanaba de él. Destacaba cómo el consejero y los maestros retrataban las aportaciones del estudiante tanto dentro como fuera del aula.

Algunas solicitudes me tomaban menos tiempo que otras. Cerraba el expediente marcado en rojo y me preguntaba: "¿Me olvidé de algo?". Invariablemente, la respuesta era no. Desafortunadamente, no había mucho que discutir en ese expediente.

Lo que realizas más allá de las aulas habla tanto o incluso más que lo que haces dentro de ellas. Vamos, ponte de pie y encuentra las respuestas a las preguntas: ¿Con quién? ¿Qué? ¿Cuándo? ¿Cómo? y ¿Por qué? Cuando te interesas por el mundo que te rodea, te transformas en un candidato más interesante y tienes una rica variedad de temas para conversar.

AQUÍ TE DEJO ALGUNAS SUGERENCIAS PARA CREAR TU CURRÍCULUM:

Estudiantes de primer año: Explora: Dedica tiempo a conocer nuevas personas y probar diferentes actividades, clubes, artes y deportes. CONSEJOS: Únete, corre, lidera, lanza, defiende, actúa, pinta o baila; no dejes pasar este año sin hacer algo.

Estudiantes de segundo año: Experiencia: Piensa de manera creativa y más allá de tus clubes y organizaciones escolares habituales. Tal vez consigas un trabajo, pruebes un club deportivo, apoyes a una organización local sin ánimo de lucro o colabores con tu iglesia o sinagoga. Prueba algo que esté fuera de tu zona de confort, ¡podrías sorprenderte a ti mismo!

Estudiantes de tercer año: Elévate: ¿Qué significa esto? No esperes a convertirte en un líder, sal y rompe tus propios récords y/o canta desde el corazón en un escenario. ¡Muéstrate como el aspirante que sé que puedes llegar a ser!

Estudiantes de último año: ¡Disfruta! Te quedan aproximadamente 300 días con tus compañeros de clase, asegúrate de pasar tiempo de calidad con tus amigos. Ten fe en que vuestro futuro es brillante. Crea recuerdos duraderos con cada aventura, competencia, actuación, partido, liderazgo y oportunidad de servicio.

CONSEJO N° 10

Tres métodos para contribuir en tu comunidad.

HISTORIA:

Nuestros modos de servir a nuestras comunidades

Hacer algo sin esperar nada a cambio puede nutrir tu espíritu. Tu acción puede ser tan simple como colaborar en una colecta de alimentos durante el Día de Acción de Gracias, donar tus destrezas artísticas para diseñar el afiche de la obra de teatro escolar, o renunciar a tu bebida diaria durante una semana para aportar a una donación económica para el regalo de fin de curso. Lo que muchos estudiantes de secundaria no entienden es que no hay un único "correcto" modo de prestar un servicio. Al contemplar cómo puedes contribuir a tu comunidad, recuerda que tienes tres posibilidades. Puedes donar tu tiempo, tu talento, o tu tesoro, y cada una de estas formas es igual de relevante.

Los campus universitarios de todo el mundo necesitan líderes, coordinadores, motivadores, impulsadores y altruistas. Sé auténtico y sirve a tu comunidad.

Durante mi labor de selección de personal para Vassar College, a menudo se me preguntaba sobre el servicio comunitario. Con el tiempo, pensé en tres ejemplos que solía compartir como respuesta. Considera a los siguientes tres estudiantes como ejemplos de servicio a nivel local, regional o nacional.

TIEMPO: *Kendra se crió en un suburbio de Los Ángeles. Desde los 5 años, pasaba el verano en el campamento diurno de Ballona Beach Cities. Al principio era tímida y nerviosa, pero cada verano Kendra ganaba más confianza, pasando de nadar al paddleboard, el surf y el kayak. Los nuevos campistas empezaron a ver en Kendra una fuente de motivación y un entusiasta "¡Sí puedes!" en las arenas del Océano Pacífico. No fue una sorpresa que Kendra fuera invitada a convertirse en consejera junior, liderar las canciones después de las actividades acuáticas y ayudar con las "Nuevas Abejas" del campamento. Kendra regresaba cada año sin esperar nada a cambio. No se daba cuenta del gran impacto que tenía, pero cedía su verano para asegurar que los campistas como Becky, Paul, Gemma, Jules y Malik disfrutaran al máximo del mejor campamento de playa de la ciudad.*

TALENTO: *Roy siempre fue un motor y motivador de Seattle, Washington. Nunca comprendí cómo Roy lograba que los estudiantes dedicaran un sábado a limpiar parques nacionales, construir casas o dar clases particulares a estudiantes de secundaria, pero lo lograba. Su mensaje resonaba profundamente en ti y, antes de que te dieras cuenta, te involucraba. La madre de Roy era flebotomista, por lo que cada año lideraba la campaña de donación de sangre de la Cruz Roja. Había muchos estudiantes y profesores que eran posibles donantes. Uno a uno, Roy se acercaba durante el almuerzo: "¿Qué harías si pudieras salvar tres vidas en solo 20 minutos?". Intrigado por la pregunta, que nunca dejaba de despertar el interés de los demás, Roy pasaba los siguientes siete minutos convenciendo a todos de que se inscribieran para donar sangre. Pero inscribirse no siempre significaba asistir. Tres días antes* *de la campaña, enviaba un recordatorio por correo electrónico a todos. La víspera, Roy enviaba mensajes de texto individuales. Y la mañana de la donación, enviaba un recordatorio masivo por mensaje de texto. Cada año, el número de donantes aumentaba, y la Cruz Roja reconocía sus esfuerzos.*

TESORO: *En noviembre de su primer año, Kelby y su familia se ofrecieron como voluntarios en "Feed my Sheep" la mañana de Acción de Gracias. Kelby se sintió inspirada por la diversidad de personas que se reunieron para servir y ser servidas. Gente de todas las razas, edades, creencias religiosas y orígenes socioeconómicos de todo el condado de Delaware se reunieron en un solo lugar para celebrar la vida y dar las gracias. En las semanas siguientes, escuchó a sus padres conversando con líderes comunitarios que expresaban su deseo de expandir la operación para satisfacer la creciente demanda de ayuda. Justo antes de las vacaciones de invierno, Kelby fue a su clase de arte para recoger finalmente los objetos que acababa de hornear. Había hecho un juego de cuatro bols para su familia – cada uno un poco más grande – para su hermana, ella, su madre y su padre. Ese día, de camino a casa, se le ocurrió una idea. Así nació "Shepherding through Soup". Cada otoño, todos los bols producidos por los estudiantes de Muncie Central High School se venden y sirven como entrada para el evento de sopa sin límites que se celebra en la cafetería de la escuela. Después de su primer año, Kelby se asoció con su rival de la ciudad, Delta High School, y aumentó los fondos recaudados en un 125%.*

Al recordar un momento en que has donado tu tiempo, tus talentos o tus tesoros a una causa digna, no puedes evitar sonreír. Tu aporte diario, semanal o anual, grande o pequeño, deja una huella en los demás y es así cómo sirves y haces una diferencia en tu comunidad.

VERDAD:

Existen innumerables formas de servir a nuestra comunidad a nivel local, regional, nacional o mundial. Cuando descubras tus dones, acéptalos y utilízalos para hacer un cambio en nuestro mundo en la medida que puedas. No hay un modo correcto de servir, solo el tuyo.

La realidad es esta: devolver es una de las lecciones más valiosas que podemos aprender cuando somos jóvenes. Quiero motivarte a que encuentres una manera de donar tu tiempo, talento o tesoro. Si literalmente servir sopa o leer libros a los jóvenes no es lo tuyo, te aseguro que no hay problema. Los campus universitarios de todo el mundo necesitan líderes, coordinadores, motivadores, impulsadores y altruistas. Sé auténtico y sirve a tu comunidad.

CONSEJO **Nº 11**	Las enseñanzas de un deportista trascienden el terreno de juego.

HISTORIA:
Lecciones desde el equipo

El entrenador Mitch, un estudioso del deporte, había declinado una beca deportiva para jugar en una pequeña universidad con el fin de convertirse en el director del equipo de la prestigiosa Universidad de Kansas, un equipo universitario de la División I de la región del Medio Oeste. Aportó sus conocimientos a los Vikings aquel año, donde Mitch y su equipo lidiaron con una temporada de éxito variado, cojeando hasta el final. Al término del año, algunas familias decidieron cambiar a sus hijos a una escuela con un programa ganador. Mitch les deseó lo mejor: "El Dr. Colón y yo siempre les daremos la bienvenida a casa".

Su estrategia era simple: lograr que los chicos siguieran un plan de entrenamiento y alimentación sólido y constante, practicar y dominar metódicamente las habilidades fundamentales del baloncesto y enfrentarse a la competencia más fuerte posible, tan frecuentemente como fuera posible. Las sesiones diarias de entrenamiento eran agotadoras: juego de pies, regates, pases, tiros y rebotes. Algunos estudiantes abandonaron, pero la mayoría persistió con el programa a medida que veían sus propias mejoras. Con los primeros éxitos en la pretemporada, el equipo se comprometió con Mitch y siguió al pie de la letra sus instrucciones. Ganaron, y ganaron repetidamente. Esto fue estupendo, excepto que era el momento de reestructurar los equipos en nuestra liga, y nuestro reciente éxito significaba que las otras escuelas votaron para que ascendamos a la siguiente liga. Esto no sería favorable para nuestra racha de victorias. Cuando le di la noticia a Mitch, me sorprendió su respuesta: "Es la mejor noticia que he tenido todo el año. ¡Fantástico!"

En su segundo año como director del equipo, Mitch dirigió cada entrenamiento, práctica y partido con gran pasión. Buscaba la victoria como si se tratase de un enfrentamiento de David contra Goliat. Era como ser el mejor equipo de béisbol de la Triple A y luego pasar a jugar contra todos los mejores equipos de las Grandes Ligas al año siguiente. Las probabilidades estaban en contra, 1.000-1, pero Mitch comprendió que competir contra los mejores sólo hacía que su equipo tuviera más hambre de éxito. Enfatizó su filosofía de que la consistencia en las acciones conduce a hábitos excelentes.

Las lecciones más valiosas acerca del fracaso, el trabajo en equipo, el éxito y el esfuerzo se internalizan de mejor manera a través de un deporte grupal.

El equipo había probado el sabor del éxito en verano y ahora creían en la idea de que ganar era un objetivo a corto plazo, pero que la mejora constante sería la que prevalecería. Mitch creía en sus chicos y ellos le siguieron.

Aquel año, el equipo Varsity Viking de baloncesto pasó de un fracaso a otro con total entusiasmo. Perdieron todos los partidos excepto uno casi al final de la temporada. Al término de esta, Mitch explicó que la dificultad de nuestra liga nos había preparado para recibir un lugar en la postemporada. Compitiendo contra un grupo más apropiado de escuelas, comenzaron los partidos de playoff. Dos semanas después, vencimos en el sorteo de la semifinal contra el cabeza de serie número uno. El gimnasio estaba lleno y ganamos en los últimos segundos. Faltaba un partido, y el título del Campeonato de la Federación Interescolar de California (CIF, por sus siglas en inglés) estaba a nuestro alcance.

Los actuales campeones no estaban preparados para nuestro equipo. Nuestros Vikings les hicieron frente durante treinta y dos minutos, un hábito que no se adquiere de la noche a la mañana, sino con el tiempo. Su estilo de juego ágil y fuerte era evidente, logrado sólo mediante la práctica de pensar rápido, mantener la vista en todas partes y confiar en que los compañeros de equipo estarían ahí. La destreza de los Vikings con el balón se había perfeccionado mediante la repetición de cada tiro correcto, día tras día. Y su compromiso implacable con los rebotes demostraba su deseo de ganar. Al final de los treinta y dos minutos, el equipo que nadie esperaba ganar demostró a todos que el talento natural sólo te lleva hasta cierto punto, pero cuando se perfecciona, con repetición y compromiso, el talento puede convertirse en el hábito de la excelencia. Es el hábito de la excelencia lo que gana campeonatos. ¡Bravo, Vikings!

VERDAD:

En la trama de este relato se hilvanan innumerables enseñanzas: rendirse jamás es una alternativa, la mudanza no es la solución, fracasar puede ser positivo y, con perseverancia, se forjan hábitos destacables. Si tienes la oportunidad de unirte a un deporte colectivo en el colegio, no dudes en hacerlo. Incluso si no eres el jugador estrella del equipo, incluso si pasas más tiempo en la banca que en el campo, hazlo. Las lecciones más valiosas acerca del fracaso, el trabajo en equipo, el éxito y el esfuerzo se internalizan de mejor manera a través de un deporte grupal.

A lo largo de las últimas dos décadas, cada vez más jóvenes de secundaria han decidido incorporarse a equipos deportivos. Ya sea en el béisbol o el softball, en el voleibol o en los campeonatos de baloncesto de los fines de semana, miles de deportistas de secundaria optaron por especializarse en un solo deporte en lugar de varios. Esto ha transformado el panorama del deporte escolar. El estudiante que aspiraba a jugar fútbol, baloncesto y béisbol ahora solo participa en la temporada de baloncesto de invierno. Aquella que iba a ser jugadora de voleibol, fútbol y softball ahora sólo juega en su equipo de voleibol de club durante todo el año con la esperanza de obtener una beca universitaria. Aunque esta es una decisión familiar y tú elegirás lo que consideres mejor para tu hijo o hija, por favor ten en cuenta:

1 - Cuando los estudiantes se comprometen con sus compañeros, maestros y entrenadores, se sienten más integrados y contentos en el colegio.

2 - Incluso si decides participar fuera de la escuela, no olvides también aportar tu talento en tu propio instituto.

3 - Conseguir una beca deportiva total o parcial es un reto, pero nunca debes perder de vista el premio verdadero: la educación.

4 - Independientemente de lo que elijas, ya sea que ganes o fracases, ¡asegúrate de no perder nunca la alegría y el entusiasmo!

> **CONSEJO Nº 12**
>
> El oficio teatral puede abrir diversas vías profesionales.

HISTORIA:
Persigue lo que amas y lo mejor vendrá a ti.

Josiah era el vivo ejemplo del "hombre orquesta". Ser competente en casi todo no siempre fue una tarea sencilla. Nunca tuvo la talla ni la velocidad para el fútbol, así que decidió unirse al equipo de tenis. Tenía una voz decente, pero realmente brillaba en el escenario, aprendiéndose las líneas de memoria y recitándolas con fervor. Aunque era bien conocido en varios grupos del campus, Josiah escogió el camino más seguro y fue seleccionado por sus compañeros para el Consejo de Clase en vez de postularse para el Consejo Estudiantil. En su último año, Josiah era el vicepresidente de su clase, capitán del equipo de tenis, actor, líder del club de robótica y del Key Club, e incluso lideraba el grupo juvenil de la iglesia los fines de semana.

Con un padre que trabajaba en el turno de noche y una madre frecuentemente ausente, Josiah procuraba evitar su casa todo lo posible, encontrando refugio y amor en el colegio. El comienzo del otoño le brindó la oportunidad de desahogar sus frustraciones en aquellas pelotas de tenis amarillo-verdes, yendo de un lado a otro de la red. Los primeros días de octubre estaban llenos de ensayos, reuniones de casting y excusas para ayudar con los decorados los fines de semana. Josiah encontró su sitio en el teatro más que en cualquier otra organización. Allí descubrió amigos extravagantes y raros, inteligentes y torpes, alegres y tristes, fuertes y frágiles, todos ellos ambiciosos y trabajadores a pesar de las adversidades que enfrentaban en sus vidas.

Durante todo el año, Josiah se encontraba constantemente en movimiento gracias a su participación en Robótica, el Key Club y el Consejo de Clase, siendo la primavera su periodo más ajetreado. Sin embargo, era su amor por el teatro lo que realmente lo ataba al campus. Aun después de

Al enviar tu solicitud, tu meta es establecer una conexión clara y persuasiva con tu lector.

que terminaran las reuniones y sesiones de robótica a las 8 de la noche, era común encontrar a la Sra. Kofenya ensayando con los actores, o al Sr. Hartigan, equipado con herramientas eléctricas, supervisando al equipo de estudiantes. Al igual que un padre enseña a su hijo a cambiar un neumático o cómo golpear una pelota de béisbol, el Sr. Hartigan mostró a Josiah cómo usar la sierra de calar, una habilidad que Josiah agradeció y se llevó al equipo de construcción de robótica. Cuando llegó la competencia anual FIRST durante la primavera de su tercer año, Josiah invitó al Sr. Hartigan a presenciar y brindar su apoyo al equipo de robótica. Hartigan aceptó y se puso sus gafas de seguridad para estar junto al equipo en la pista. Josiah sonreía, mientras su mentor le asistía en el ajuste y la rotación de algunas piezas del robot del equipo.

VERDAD:

Año tras año, Josiah enriqueció su currículum, dedicando entre 10 y 15 horas diarias al campus. Prácticamente, inscribió su nombre en casi todos los clubes, organizaciones y eventos de artes escénicas. Lo que realizó en cuatro años se transformó en un currículum dilatado. Un logro para él. Lo que más admiro del currículum de Josiah es que, a pesar de su aparente diversidad, como encargado de admisiones podría clasificarlo en dos categorías: servicio (hacia su escuela, iglesia y comunidad) y habilidades "prácticas" (equipo de teatro y de robótica). Josiah podría listar un abanico de especialidades que aportarían total claridad para el lector. Podría orientarse hacia el teatro, la producción, la ingeniería, la política pública, o cualquier otro campo similar.

Al enviar tu solicitud, tu meta es establecer una conexión clara y persuasiva con tu lector. En otras palabras, si manifiestas querer ser ingeniero, médico, abogado, empresario o profesor, el lector tiene que creerte. Tu currículum sirve como un constructor de tu argumento con evidencias. Si Josiah afirma que es ingeniero mecánico o que quiere dedicarse al cine o al teatro como productor de escenografía, me convencería, pues su currículum contribuye a retratar con claridad y facilidad la imagen de quien dice ser. ¿Capiche?

CAPÍTULO 3
Recursos y nota final

Este capítulo me recordó a muchos "Dreamers" (Soñadores) y Campistas, quienes nos ofrecen maravillosos ejemplos de compromiso. Para descubrir lo que hicieron para sobresalir, escanea el código QR en la sección de herramientas al final del libro, te dirigirá a la lista de iTunes de mi podcast, Destination YOUniveristy. Allí podrás escuchar directamente a: Bonnie (Episodio 98), Hunter (Episodio 112), Lauren (Episodio 136), Ivy (Episodio 135), Jeffrey (Episodio 129), Kenzie (Episodio 132), John (Episodio 128) y Julio (Episodio 134). Y si deseas convertirte en un "soñador", puedes aprender más sobre la Dream College Academy (DCA) en mi sitio web, www.drcynthiacolon.com. En el módulo tres discutimos sobre tus PQ (cualidades personales), implicación y liderazgo.

Durante tus cuatro años de secundaria, querrás Explorar, Experimentar, Elevar y Disfrutar. En ese orden. A medida que desarrollas tu currículum, tómate un respiro de vez en cuando y reflexiona sobre los temas y conexiones que han llenado tu carné de baile. ¿Por qué decidiste apoyar esa causa, involucrarte en ese deporte, unirte a esa

> *En última instancia, lo que elijas hacer conformará tu currículum, y las razones detrás de tus acciones darán vida a tu ensayo.*

organización o asumir ese papel de liderazgo? ¿Existe alguna conexión con la carrera que aspiras seguir? En última instancia, lo que elijas hacer conformará tu currículum, y las razones detrás de tus acciones darán vida a tu ensayo (más detalles sobre esto en el Capítulo 6). El MOTIVO detrás de tus acciones es de suma importancia para los encargados de las admisiones, pues a ti te importa. Los estudiantes que demuestran interés son candidatos que despiertan interés. En el siguiente capítulo encontrarás ejemplos de estudiantes que han elaborado un "por qué" persuasivo, ya sea fortuita o intencionalmente.

Ahora, ¡manos a la obra!

Capítulo 4

TU PLAN DE LIDERAZGO

CAPÍTULO 4
Introducción

Si posees un innato espíritu de liderazgo y/o tienes en mente postular a una de las 100 universidades más prestigiosas, este capítulo está diseñado para ti. Las universidades están en la búsqueda de líderes de todo tipo, pero las más destacadas apuestan por aquellos que marcan una diferencia. Durante la revisión de las solicitudes, solía tener un formulario para resaltar los atributos notables de cada candidato. En la parte superior de este formulario había un espacio reservado EXCLUSIVAMENTE para aquellos solicitantes que habían ocupado roles clave de liderazgo, tales como presidente del consejo estudiantil, editor en jefe del anuario o periódico, capitán de un deporte principal en el campus, ganador del

> *Las universidades están en la búsqueda de líderes de todo tipo, pero las más destacadas apuestan por aquellos que marcan una diferencia.*

premio de oro de las Girl Scouts o Eagle Scout. Este espacio también se reservaba para reconocimientos aún más excepcionales, como ser un campeón regional o nacional en ámbitos como deportes, investigación, ferias de ciencias o competencias de artes visuales o escénicas.

Denominaba a este espacio en blanco "La línea de los Cinco". Y aunque pueda sorprenderte, a veces tardaba un par de días en llenar esa Línea de los Cinco. A pesar de la intensa competencia para la admisión al Vassar College, es importante recordar que, igual que solo hay un "valedictorian" (graduado con las mejores calificaciones) por colegio, lo mismo sucede con los líderes del campus. Y si piensas que el Gold Award o Eagle Scout no son gran cosa, menos del 6% de todos las Girl y Boy Scouts son reúnen los requisitos y obtienen estos premios. Y oye, estoy hablando de ser un auténtico campeón estatal o nacional. Deja caer el micrófono, por favor.

Después de trabajar con miles de estudiantes, puedo afirmarte lo siguiente: incluso si no te consideras uno de estos estudiantes de la "Línea de los Cinco", todos y cada uno pueden cultivar lo que yo denomino como "Factor de genialidad" y/o un "Proyecto genial". En la historia nº 13, Wayne crea un "factor de genialidad" simplemente siendo él mismo y siguiendo su amor y pasión por su escuela. En la historia nº 14, Cathy se enfrenta a una situación que no puede pasar por alto y que se convierte en un proyecto emocionante que deja un legado. La historia de Olivia en la historia nº 15 es un ejemplo perfecto de cómo combinar algo que te apasiona hacer (ayudar a los niños) con algo que necesitas hacer (crear un currículum que refleje la especialización que persigues) puede dar lugar a tu grandioso proyecto.

Ahora, ¡manos a la obra!

CONSEJO N° 13

El liderazgo no siempre viene en un título.

HISTORIA:
Cuando los momentos desafiantes llegan, los resilientes no abandonan la lucha.

Desde la ventana de la biblioteca, solo podía distinguir a ocho jugadores en el campo de fútbol. Después de la inesperada renuncia del entrenador principal, los padres de nuestros jóvenes estudiantes comenzaron a barajar la opción de que sus hijos terminaran sus estudios secundarios en otra institución. Seductora era la promesa de tiempo de juego y la oportunidad de ser fichados para jugar a nivel universitario; esto hizo que la lealtad de los estudiantes y sus familias se diluyera. Mientras veía a sus compañeros desertar, Wayne, nuestro protagonista, se mantuvo inquebrantable. Su decisión de permanecer en el colegio St. Bernard lo convirtió en el único estudiante de último año que regresó como parte del equipo universitario de fútbol. Cuando se encontraba absorto mirando por la ventana, era evidente que Wayne ya sabía que la Dra. Colón había cancelado el fútbol universitario para esa temporada.

Con sólo ocho jugadores, no estaba claro si San Bernardo tendría al menos un equipo juvenil. Wayne, decidido, reunió a sus fieles amigos y durante la orientación de los nuevos estudiantes, se dedicó a reclutar a más compañeros para el equipo juvenil. Al concluir el primer día de clases, ya tenían 29 estudiantes dispuestos a unirse al equipo de fútbol, incluyendo seis estudiantes de último año. Los entrenamientos empezaron al día siguiente.

A las 3:30 p.m., los seis estudiantes de último año, el entrenador y el asistente se reunieron en la sala de conferencias. Al igual que cuando uno se quita una curita, el dolor fue intenso y breve. Lágrimas se deslizaban por sus jóvenes rostros, pero cuando miré a Wayne, yo también comencé a llorar. Siempre positivo, el entrenador dijo: "Vamos a necesitar tu liderazgo desde la banda. Todavía eres importante para nosotros. Eres un viking". Sin pensarlo dos veces, Wayne fue el primero en responder: "¡Entendido, entrenador! Cuenta conmigo".

Los seis estudiantes de último año se mantuvieron en el equipo. Viajaron en el autobús, vistieron sus camisetas con orgullo, ayudaron a los jugadores más jóvenes, aportaron balones e incluso dieron indicaciones de las jugadas. El partido de octubre de local se convirtió en la Noche de los Mayores, y el inicio a las 7:00 p.m. fue el momento perfecto para que Wayne y sus cinco compañeros brillaran bajo las luces del viernes por la noche. Los Vikings llevaban un registro de 6-0, y esa noche, se enfrentaron a su rival más duro. Nuestro pequeño batallón de seis estudiantes de último año lucía sus camisetas del equipo local, pantalones caqui y zapatillas azules y doradas a juego. Wayne se encargó de animar a los jugadores en la banda, gestionando

No se necesita un título para ser líder. La designación de líder suele llegar una vez que has demostrado serlo.

la asistencia para conseguir más agua, más cinta, y demás. El partido cumplió con las expectativas y fue emocionante durante los cuatro cuartos. No pude evitar sonreír cuando vi a Wayne dando un enérgico discurso al receptor "Lil Tone". Como un sargento instructor, Wayne le habló con firmeza y le gritó: "¡Lil Tone, necesitamos más de tu energía!". Abajo por un gol de campo con menos de dos minutos para terminar... Segunda oportunidad, a ocho yardas de la línea final, se tradujo en una ganancia de dos yardas. Once chicos se agruparon, y la multitud se puso de pie. El quarterback lanzó el balón, el esférico flotó en el aire y cayó directamente en las manos de Lil Tone, quien corrió como si tuviera alas. ¡Touchdown! Ahora estábamos 7-0.

Dos semanas más tarde, los Vikings se proclamaron campeones de la liga, invictos. Wayne y sus compañeros de equipo demostraron que, cuando las situaciones se vuelven adversas, son los fuertes los que permanecen, luchan y vencen.

VERDAD:

No se necesita un título para ser líder. La designación de líder suele llegar una vez que has demostrado serlo. Es probable que tus compañeros te elijan para el Consejo de Clase o el Consejo de Estudiantes porque has servido humildemente sin un título en años anteriores. Te ganarás tu puesto como redactor principal, capitán, delegado o protagonista una vez que hayas demostrado tus habilidades y tu compromiso con la organización.

Cuando Wayne optó por mantener su estatus de vikingo, no ostentaba la posición de capitán del equipo. Wayne era un estudiante con anhelos de tener un último año inolvidable. ¿Acaso eso no es lo que todos los jóvenes desean? El "por qué" de Wayne era evidente: obrar de manera correcta en favor del equipo, la institución educativa y su familia. La fuerza de voluntad personal de Wayne y su fidelidad hacia la escuela "inadvertidamente" lo transformaron en un líder admirado por otros. ESO se transformó en el "Factor de genialidad" de Wayne. Su historia como el héroe local fue publicada en el periódico local y recibió el reconocimiento de Estudiante del Año, un honor que le fue otorgado por el General de 4 Estrellas, Kevin P. Chilton.

Si te encuentras en el dilema de actuar correctamente o no, te aseguro que optar por la rectitud te conducirá por un sendero más venturoso.

CONSEJO Nº 14

Defiende lo que crees y deja un legado.

HISTORIA:

Toma una posición, actúa y enfréntate al mundo.

Regina llegó a la oficina con los ojos húmedos de lágrimas, y su inseparable amiga, Karla, estaba allí para brindarle su apoyo. En la mesa redonda durante el almuerzo, Regina y Karla observaron la palabra "N" escrita con trazos audaces en el cuaderno de Regina. Regina le explicó a la Sra. Reynolds su malestar, que provenía de haber entrado en el equipo de voleibol de primer año cuando muchas otras no habían conseguido lo mismo. Conmocionada, la Sra. Reynolds intentó confortarla: "Eres buena persona, Regina, pero eso no justifica que alguien utilice esa palabra. Tendré que informarle a la Sra. Colón sobre lo sucedido".

Para finalizar el día, prácticamente todas las integrantes del equipo femenino de voleibol JV y varsity estaban al tanto del incidente y se sentían impactadas por el hecho de que una estudiante de primer año tuviera la audacia de utilizar esa palabra. La comunidad escolar había superado un incidente relacionado con la palabra "N" apenas seis meses antes, durante el semestre de primavera. Justo cuando las heridas empezaban a cicatrizar, los estudiantes de color volvían a sentirse desalentados.

Cathy Oh, presidenta del recién creado Club de la Diversidad, dedicaba la mayor parte de su tiempo durante el almuerzo escuchando a los estudiantes. Los alumnos pertenecientes a minorías se sentían marginados e incómodos en el campus, mientras que los estudiantes caucásicos caminaban con cautela entre sus compañeros, sin saber qué decir o qué no decir. Un abismo cada vez más profundo se expandía día tras día y se podía percibir una tensión evidente en el ambiente.

Una tarde, Cathy me presentó una propuesta: realizar una suerte de documental entrevistando a una muestra representativa de estudiantes de todos los grados y orígenes. En la próxima reunión del Club de la Diversidad, Cathy repartió entre los miembros una hoja con 10 preguntas a responder. Para ella, el secreto residía en no centrarse solo en la raza, sino incluir las "8 grandes" identidades: raza, religión, estatus socioeconómico, capacidad/discapacidad, etnia, edad, género y orientación sexual. Las cinco preguntas que generaron las respuestas más auténticas se incluyeron en la lista.

Aquí están esas preguntas:

1 - ¿Cómo te sientes cuando ingresas al campus cada día?

2 - ¿Cómo se contrasta tu vida familiar, tu lugar de culto, tu vecindario, tus modelos a seguir con lo que ves en la escuela?

3 - ¿Qué acciones realiza la escuela que te hacen sentir como en casa, cómodo y acogido?

4 - ¿Qué podría mejorar la escuela para hacerte sentir más en casa, cómodo y acogido?

5 - ¿Puedes compartir algún incidente/evento que hayas vivido en el campus? ¿Quizás una interacción positiva con un profesor o estudiante? O tal vez un incidente que te haya hecho sentir como un extranjero.

Con un equipo listo, Cathy dedicó la mayor parte de enero y febrero a la dirección de su película. Como observadora silente, fui testigo de cómo los entrevistados hablaron de recibir becas, de tomar el autobús público durante dos horas, de sentirse distintos debido a sus prácticas religiosas, de expresar abiertamente en clase opiniones políticas conservadoras y sentirse minoritarios, de la vergüenza que sentían al necesitar más tiempo para un examen, de tener que llegar a casa y hacer de intérpretes para sus padres, o de la estudiante internacional que entró en primer año hablando muy poco inglés y ahora se enorgullece de haber conseguido un lugar en AP English. También se habló de los dos incidentes relacionados con la palabra "N". Los estudiantes de todos los orígenes tenían una opinión. Algunos se sentían enfadados o decepcionados, y varios mostraban apatía. Una vez concluidas las grabaciones, Cathy solía quedarse charlando

Un líder impulsado por la pasión es un líder para toda la vida.

con cada estudiante, instándoles a ver que ellos eran parte de la solución y agradeciéndoles sinceramente.

Un mes después, todos los estudiantes se reunieron en el auditorio para la Asamblea de la Diversidad. El video se presentó sin necesidad de introducción. Las luces se apagaron, se proyectó la película y el público quedó en silencio. Había mucho de lo que sonreír, ya que Cathy había ubicado estratégicamente los sentimientos positivos al comienzo. Sin embargo, pronto la crudeza de algunas secuencias se volvió incómoda, mientras que otras eran dolorosamente reales. Es relevante resaltar que la película también fue motivo de orgullo para muchos que a menudo se habían sentido excluidos en el campus. Se sintieron escuchados, y eso les empoderó. En resumen, la película reflejó la realidad cultural universitaria de aquel momento, obligando a todos a reflexionar sobre la pregunta: "¿Qué podemos hacer para mejorar y ser mejores?"

Ese año académico, Cathy pudo haber optado por permanecer silente y molesta. Pero en vez de eso, tomó una posición, actuó e inició una serie de sucesos que comenzarían a transformar la cultura en los años subsiguientes.

VERDAD:

Lo que Cathy logró fue poner en marcha una serie de iniciativas que se desarrollaron durante los siguientes cinco años. Este proyecto no forjó a Cathy como líder, sino que simplemente reveló la líder que ya era. Como presidenta del club de la diversidad, Cathy había descubierto su vocación. Fueron los sucesos desconcertantes en su escuela los que le dieron su "por qué", y ese "por qué" la propulsó hacia la acción.

Es innecesario resaltar la importancia de la diversidad en los campus universitarios en la actualidad. No quiere decir que las universidades deseen contar con una diversidad estudiantil solo para poder afirmar que la tienen. NO. Una líder como Cathy es reflexiva en su discurso y consciente de las diferencias culturales. El "Proyecto Genialidad" que Cathy ha presentado despliega ante el comité de admisiones su valentía para sumergirse en diálogos desafiantes, junto con su anhelo de instruir, inspirar y desarrollar una comunidad que celebre la diversidad. Como encargada de las admisiones universitarias, ansío contar con ella en nuestro recinto. Un líder impulsado por la pasión es un líder para toda la vida.

CONSEJO Nº 15	Tu factor de genialidad brilla cuando tu pasión es puesta al servicio de un propósito mayor.

HISTORIA:
Gafas de color de rosa

Olivia siempre ha tenido claro que quiere ser médica. Como asesora universitaria, lo que me dejó sin palabras fue todo el servicio comunitario que brindaba, enfocado en el cuidado visual infantil. Solo descubrí esto al revisar a fondo el cuestionario para padres, ya que, curiosamente, Olivia no lo incluyó en su CV.

"Olivia, cuéntame más sobre las clínicas de optometría que has coordinado. Tu padre mencionó algo en el cuestionario para padres", le sugerí. Ella se sorprendió de que lo supiera, así que me acerqué con cautela, pero tenía que comprender que era su proyecto y no el de su padre. Interrogué a Olivia: cómo consiguió que los doctores donaran su tiempo, con quién trabajó en Vista del Mar, cómo decidió qué familias y organizaciones invitar, y finalicé el diálogo con POR QUÉ eligió esta misión.

Resultó que el padre de Olivia, el Dr. Carson, era un destacado cirujano ocular. Cuando Olivia tenía 11 años, acompañó a su padre a una feria de salud local de USC para las familias del vecindario. El centro de oftalmología del Dr. Carson realizó exámenes de la vista a cientos de visitantes ese día en el corazón del campus. "¿Qué sigue ahora, papá?", preguntó la joven Olivia, y el Dr. Carson explicó que el examen detectaría problemas de visión y luego animaría a las familias a visitar a su médico para que realizaran un examen ocular completo y, si era necesario, les prescribiera gafas. "Pero, ¿qué sucede si no tienen un oftalmólogo?". La pregunta directa dejó perplejo al Dr. Carson, quien respondió: "Es una pregunta excelente, Livy, y no creo tener una respuesta satisfactoria para ti".

Durante años, Olivia siguió asistiendo con su padre a eventos comunitarios, observando su trabajo, pero sobre todo, anhelaba una respuesta a su pregunta: "¿Qué pasa si un niño necesita gafas pero no puede pagarlas?". En el octavo grado, Olivia le preguntó a su padre si podía colocar una cesta en su oficina para recolectar gafas usadas donadas. Él aceptó, pero no sabía que ella iría a varias oficinas y haría lo mismo. En un solo año, recolectó más de 100 pares de gafas. Una vez que el Dr. Carson reconoció su interés, la instó a elaborar un plan, que luego presentó a ocho oftalmólogos en su casa. Aceptaron que, si ella podía coordinar una clínica oftalmológica para las familias locales, ellos donarían su tiempo para realizar exámenes visuales y donarían gafas graduadas. Seis meses después, en la primavera de su segundo año, Olivia y los ocho oftalmólogos organizaron un pequeño evento llamado "Rose-Colored Glasses", en español: "Gafas de color de rosa" en el centro de atención infantil Home-Safe de West Hollywood. Desde entonces, Olivia ha coordinado cuatro clínicas más, con un equipo de 25 oftalmólogos, ha trabajado de la mano con Vista Del Mar Child and Family Services y ha atendido a más de 800 familias.

Con un poco de persistencia, Olivia se tomó veinte minutos para describir las clínicas con detalles vívidos de su evento más reciente "Gafas de color de rosa", celebrado en el campus de 18 acres de Vista del Mar. Todavía puedo visualizar la clínica organizada en el apacible y espacioso césped del centro de Los Ángeles: puestos de registro atendidos por un equipo de estudiantes voluntarios de secundaria y oftalmólogos en batas blancas con sus equipos de optometría móviles, mientras niños de todas las etnias, vestidos con shorts y calcetines coloridos, esperaban en la fila. Su misión era sencilla: realizar exámenes oculares a los jóvenes de Los Ángeles y,

Cuando haces lo correcto, descubres tu líder interior y utilizas tu pasión, entonces realmente dejarás un legado. Eso, mi querido lector, es verdadero liderazgo.

para aquellos a quienes se les recomendaba gafas, se aseguraba de que se las proporcionaran de manera gratuita. Los ojos de Olivia se iluminaban cada vez que contaba una historia sobre los niños que conoció: "Frank solo tenía seis años, a Diana le encanta leer y Michael había perdido la confianza en la escuela". Cuando parecía que se le acababan las historias, le hice una última pregunta: "¿POR QUÉ nadie sabe que haces esto, Olivia?". Ella me miró y dijo: "Sra. Colón, no se trata de eso. Se trata de los niños".

VERDAD:

Esta historia me toca profundamente porque me recuerda que, sin importar tu edad, TÚ puedes marcar la diferencia en una vida y/o en toda una comunidad.

Al final, fueron la solicitud y las credenciales de Olivia las que lograron su admisión en la ronda de decisiones anticipadas de la Universidad de Duke. Aunque no estaba en la sala cuando el comité tomó su decisión, solo puedo ofrecer mi experiencia para explicar por qué creo que recibió un sobre "grande", a pesar de que su calificación en el examen de selectividad era inferior a la de muchos de sus compañeros. Olivia descubrió su verdadero "por qué" muy temprano en su vida y encontró la manera de unirlo todo. En primer lugar, sus padres le inculcaron el valor del servicio y Olivia nunca perdió de vista las comunidades en las que podía influir. En segundo lugar, estaba decidida en su meta final de convertirse en pediatra, y necesitaba una manera de añadir profundidad a su currículum en el campo de la medicina. La brillante idea de combinar lo que a Olivia le gusta hacer (servir a los demás) con lo que necesita hacer (demostrar su pasión por la medicina), fue lo que hizo que Olivia fuera admitida sin problemas.

Cuando haces lo correcto, descubres tu líder interior y utilizas tu pasión, entonces realmente dejarás un legado. Eso, mi querido lector, es verdadero liderazgo.

CAPÍTULO 4
Recursos y nota final

Lo que resulta emocionante para ti, puede que no lo sea para mí, ¡y es precisamente eso lo que te hace a TI verdaderamente único! Durante los años recientes, numerosos estudiantes han logrado ser aceptados en las 100 mejores universidades. Esto es factible. Si deseas escuchar más casos de estudiantes admitidos en universidades como Harvard, Yale, Princeton, Cornell, U Chicago y UVA, simplemente escanea el código QR ubicado en la sección de recursos al final del libro, este te llevará a la lista de iTunes de mi podcast, Destination YOUniversity. Allí podrás oír directamente las experiencias de: Julia (Episodio 147), Emilie (Episodio 112), Max (Episodio 131), Curtis (Episodio 122), Sean (Episodio 142), Alexandra (Episodio 108), Juliana (Episodio 120), Osose (Episodio 110) y Ashley (Episodio 112). Además, si te interesa convertirte en un "Dreamer", puedes obtener más información sobre Dream College Academy (DCA) en mi sitio web, **www.drcynthiacolon.com**.

Quiero hablar con franqueza, sin desanimarte. No todos los estudiantes encontrarán una pasión auténtica o dejarán un legado al cumplir los 17 años. Esto no es un problema. El objetivo de este capítulo es ayudarte a dedicar tiempo a reflexionar sobre tu propio y auténtico porqué. Muchos adolescentes están en una carrera de ratas coleccionando certificados de participación como si fueran boletos escupidos por una máquina de skeeball en su zona de juegos local. No caigas en esa trampa. Únete a un club o a un equipo deportivo porque te encanta. Canta, baila, construye o sirve porque te produce alegría. Descubrir tu auténtica razón para hacer cualquier cosa te catapultará al frente de la pila de solicitudes. Al igual que el interés hace interesantes a los solicitantes, un "por qué" auténtico suele estar detrás de cada "Coolness Project". Créeme, la autenticidad salta a la vista y puede motivar a un responsable de admisiones a luchar por ti.

¿Y ahora qué? El instituto no es fácil. Siempre tienes que estar dispuesto a esforzarte para crecer y mejorar. No te preocupes, también tengo un plan para eso.

Manos a la obra.

CAPÍTULO 5

TU PLAN DE
SUPERACIÓN PERSONAL

CAPÍTULO 5
Introducción

Hay 5 D de las que debes evitar mencionar en tu ensayo para ingresar a la universidad: Death (Muerte), Divorce (Divorcio), Devastation (Devastación), Learning Difference (Diferencia de Aprendizaje) o una "D" literal en tus calificaciones. Siempre me ha sorprendido por qué muchos jóvenes se sienten tan inclinados a abordar estos tópicos. Pareciera que buscan el episodio más triste o complicado de sus 18 años. Sin embargo,

Si alguna vez mentiste, engañaste, te equivocaste o hiciste alguna tontería, no estás solo en esto. Bienvenido al club de los adolescentes "luchadores". A los encargados de admisión les atraen más los luchadores que los perfectos.

centrarse en la devastación de su relato no resulta en un ensayo impactante. Este es un desliz que cometen varios jóvenes.

Si te comprometes a recordar las 5 D, estarás listo para aprender lo que denomino la regla del 25%. Si decides escribir tu ensayo sobre alguno de estos temas (a veces puede ser necesario), te sugiero enfáticamente seguir la regla del 25%: no uses más del 25% de tu ensayo para describir el contexto de la "D". Dedica el resto a narrar cómo creciste, qué acciones tomaste, cómo superaste el reto y las enseñanzas que obtuviste. ESO es lo que convierte un ensayo en algo interesante, envolvente y persuasivo.

Las historias que siguen no son simples anécdotas escolares, son lecciones de vida. En la historia nº 16, conocerás a Hannah, quien, bajo una gran presión académica, comete un grave error en un examen final. Cosette, a quien descubriste en la historia nº 1, es rechazada por todas las universidades en su último año; su historia te motivará en la historia nº 17. Si enfrentaste la pérdida de un padre como Jeremy, te sugiero tener pañuelos a mano para la historia nº 18. En la historia nº 19, soy yo quien comparte una decepción tras no obtener un lugar en el equipo del periódico. La historia nº 20 nos reta a reflexionar sobre qué haríamos al tener que escoger entre seguir nuestros deseos o actuar correctamente. Craig vive justo ese dilema.

Así que, antes de que pienses en saltarte este capítulo, espera un momento. Nadie, y cuando digo nadie es literal, es perfecto. Si alguna vez mentiste, engañaste, te equivocaste o hiciste alguna tontería, no estás solo en esto. Bienvenido al club de los adolescentes "luchadores". A los encargados de admisión les atraen más los luchadores que los perfectos.

Incluso si decides leer sólo uno o dos relatos de esta sección, te aseguro que descubrirás algo nuevo sobre ti y sobre el proceso de admisión universitaria.

Ahora, ¡manos a la obra!

> **CONSEJO N° 16** Cuanto más grande es el error, mayor es el aprendizaje.

HISTORIA:
Transformar limones en limonada

Hannah movía su falda caqui de un lado a otro en la silla que le correspondía en la biblioteca. Dos horas y media después, fue una de las últimas en abandonar el lugar. Al despedirse, la señora Jones dijo: "Que tengan buen día, jovencitas". Antes de marcharse, la Sra. Jones encontró un papel doblado en un rincón de la silla donde Hannah había estado. Al desplegarlo, reconoció una chuleta para el examen final.

Al día siguiente, convoqué a Hannah a mi oficina, con la consejera junior, Sra. Eaton, presente. Empecé con mi típica pregunta: "¿Sabes por qué te llamé?". Hannah respondió con un sencillo: "No". Le conté sobre el papel hallado y le pedí que me hablara al respecto. Agradecí que Hannah me explicara su situación. Aunque no negó ser suya la chuleta, insistió en no haberla usado. Las lágrimas rodaron por sus mejillas al admitir: "Dra. Colón, siento mucha presión. Debo destacar en voleibol y en mis estudios para entrar a una buena universidad". Le dije: "Pero, Hannah, venías bien en esa materia". Llegó al examen con una excelente nota. Ella admitió que, aunque conocía la materia, el papel era una especie de "seguro" para asegurarse la máxima calificación. Desafortunadamente, desde mi perspectiva, Hannah recibiría un insuficiente en su examen final, lo que bajaría su nota.

La siguiente reunión, que contó con la presencia de sus padres, determinó las consecuencias del acto. Fue alentador ver que apoyaban a Hannah y estaban dispuestos a aceptar las repercusiones. Su reacción me sorprendió. A menudo, la presión que sienten los jóvenes proviene de casa. No percibí eso en estos padres. Su actitud ante el error de Hannah fue fundamental para su posterior manejo del asunto. La sanción: cuatro días de suspensión interna al regresar en enero.

Hannah, en su tercer año, pudo haber sentido que su mundo se desmoronaba. Sin embargo, decidió avanzar. Durante su suspensión, nos reunimos 30 minutos diarios. Fui su guía y le propuse la idea de formar un consejo de honor en la escuela. Al día siguiente, Hannah me presentó un detallado estudio sobre consejos de honor de diferentes lugares. Se dedicó de lleno a este proyecto y, finalmente, el director

Los ensayos que más me impactaban eran aquellos donde el aspirante contaba sobre un obstáculo, ya fuera grande o pequeño, y su determinación para superarlo, intentar nuevamente, avanzar y no dejar que su pasado dictara su futuro.

aprobó su propuesta. En su ensayo universitario, habló sobre su papel en la fundación del consejo. Con orgullo, puedo decir que fue aceptada en la Universidad de Emory.

VERDAD:

Desafía la idea de ser el postulante perfecto. Revisaba entre 25 y 35 solicitudes diarias, y lo que parecía impecable a menudo resultaba monótono. Simple y llanamente, la vida tiene sus complicaciones y siempre presenta desafíos. Los ensayos que más me impactaban eran aquellos donde el aspirante contaba sobre un obstáculo, ya fuera grande o pequeño, y su determinación para superarlo, intentar nuevamente, avanzar y no dejar que su pasado dictara su futuro. Cuando Hannah enfrentó su error, estaba determinada a redimirse ante todos los que había defraudado, incluyéndose a sí misma. Para Hannah, era crucial mostrar a otros estudiantes que siempre deben confiar en su preparación y evitar atajos deshonestos.

No es relevante si la intención detrás de formar el consejo de honor era completamente altruista. Lo que realmente cuenta es que, en poco tiempo, Hannah supo reponerse y halló la manera de sacar algo positivo de su situación. Hay estudiantes que se avergüenzan hasta de los errores más insignificantes y se distancian de los adultos. Otros eligen simplemente negarlo como si nunca hubiera sucedido. Ninguna de estas actitudes es beneficiosa, y no debes caer en la trampa de evadir el problema.

Ante un contratiempo, no te rindas; busca cómo sacar provecho de la situación, haz limonada con los limones que te da la vida.

> **CONSEJO Nº 17**
>
> Un rechazo universitario es la mejor motivación para solucionarlo de inmediato.

HISTORIA:

El Sueño Californiano se pospone por dos años.

Cosette se encontró perdida en sus pensamientos. Su sudadera azul marino preferida mostraba en letras doradas "UCSB". El verano antes de su último año escolar, visitó California con su familia, y supo que ahí quería estudiar. Las caminatas por las montañas la inspiraban, y disfrutaba igualmente de las majestuosas vistas del océano. En septiembre, fue al departamento de orientación universitaria y descubrió lo difícil que sería para ella, como postulante de otro estado, ingresar a una universidad

Al tener todo en orden en el ámbito académico, tu mente estará lista para descubrir realmente quién eres, tus fortalezas y para identificar la carrera y universidades ideales para TI.

de la UC. Mirando atrás, en su penúltimo año en Nuestra Señora del Buen Consejo, deseaba haberse exigido más y haber optado por cursos más desafiantes. No podía imaginar cómo decirles a sus amigos que no la aceptaron en la universidad de sus sueños.

Cosette siempre había sido una estudiante constante. Su historial mostraba tanto calificaciones altas como medias, algunas distinciones y una materia avanzada en su último año. Integrante del Coro de Agudos, su habilidad para el canto era evidente. De casi 3.000 universidades de 4 años en EE.UU., Cosette fácilmente sería admitida en el 90% de ellas. Si hubiera escuchado a su consejero, podría haber entrado al St. Mary's College de Maryland o al Goucher College. Pero, en ese momento, sentía que no tenía que probar nada. Fue un soleado día de abril cuando compartió la noticia con sus amigas.

Molly, Christine y Sheetal se agruparon alrededor de ella, dándole un fuerte abrazo. Los ojos de Cosette, inundados, no pudieron contener más lágrimas. Sus amigas, sabiendo que las palabras eran insuficientes, simplemente se quedaron con ella en silencio, apoyándola.

Le tomó a Cosette un año más entender su error. En su último año, aplicó para arte en la universidad, pero su perfil estaba centrado en música. Cuando intentó ingresar nuevamente, después de iniciar su primer año en el Community College, fue rechazada otra vez por las mismas instituciones. Fue en ese momento cuando reconoció que debía cambiar sus hábitos, mejorar académicamente y demostrar que estaba lista para el desafío universitario.

Al finalizar su primer año en la universidad, Cosette logró un promedio de 3,9. Siete máximas calificaciones y una no aprobada. Su madre nunca había sentido tanto orgullo, no por las calificaciones, sino porque Cosette decidió cambiar su destino.

En la habitación de Cosette había libros sobre Walt Disney y animación que habían estado acumulando polvo. Durante la pandemia, decidió seguir su verdadera pasión. La Sra. Jae

116

Pérez, su profesora de arte, siempre había admirado sus dibujos. Ahora, Cosette haría algo sorprendente. Cuando TikTok ganó popularidad, ella decidió animar al Genio de Aladino bailando. Dedicó tres meses a crear 144 diapositivas de animación para un video TikTok de 17 segundos. Tres meses para un clip de 17 segundos. ¿Te lo puedes imaginar? A muchos les hubiera bastado con rendirse después de la cuarta diapositiva. Al conocer esta determinación de Cosette, estaba claro que no descansaría hasta ser admitida en la universidad que deseaba.

VERDAD:

La pura verdad es: NADIE puede hacer la tarea por ti. Llega un punto en el que debes reconocer que tus calificaciones son solo una parte de lo que representas, aunque esenciales en este proceso. Al tener todo en orden en el ámbito académico, tu mente estará lista para descubrir realmente quién eres, tus fortalezas y para identificar la carrera y universidades ideales para TI.

Cosette demostró mucha determinación al atravesar los desafíos del instituto y su primer año en la universidad comunitaria, enfrentando rechazos una y otra vez. Sin embargo, estaba convencida de que un rechazo no significaba el final de su travesía. Mantuvo la esperanza y, para sorpresa de Cosette, recibió las mejores noticias en abril, dos años después de concluir el instituto. No solo fue aceptada en la Universidad de Chapman, sino también en la Universidad Loyola Marymount y, lo más emocionante, en la universidad de sus sueños, la UCSB. Se encontró en una situación inesperada al ser admitida también en la UC Berkeley.

Cuando vino a Los Ángeles, finalmente pudimos conocernos en persona. Cosette y yo compartíamos una estatura similar, aproximadamente 1,70 m. Nos dimos un fuerte abrazo y festejamos con comida mexicana cuando reveló que se dirigiría a la zona de la Bahía para estudiar en Berkeley. No pude contener las lágrimas, no por la universidad que eligió, sino porque era la primera vez en mucho tiempo que veía su genuina sonrisa. Aquella sonrisa iluminó su rostro, y no supe si reír o llorar de la emoción. ¡Arriba Osos!

CONSEJO Nº 18

La vida tras la muerte de un padre lleva su tiempo. Defiéndete.

HISTORIA:
La tempestad en el jardín

En septiembre, durante la feria universitaria de Minnesota, conocí al Sr. Swanson. Luciendo pantalones caqui y una camisa tipo polo azul marino, el Sr. Swanson no tardó en preguntarme acerca del campo de 9 hoyos de la universidad, seguido de una consulta sobre el Jardín de Shakespeare. Al ver que estaba bien informado, compartí con entusiasmo: "El Jardín es definitivamente mi sitio favorito del campus". Un joven se acercó mientras pasaba de la exhibición de Vanderbilt a Vassar. "Es donde mi mamá estudió", mencionó el Sr. Swanson refiriéndose a su hijo. Le sonreí al joven, que medía alrededor de 1,80 m, y continué: "El campo de golf está abierto para todos, pero los estudiantes pueden jugar por solo 2 $". Tras una breve pausa, el Sr. Swanson presentó: "Este es mi hijo, Jeremy. Practica golf y fútbol". Saludé a Jeremy antes de que decidiera visitar el stand de Villanova. El Sr. Swanson rellenó una tarjeta de contacto, sumando a Jeremy a nuestro registro.

Casi todos los adolescentes tienen algo que les parece una barrera para el éxito.

119

Durante el año, el Sr. Swanson me mandó tres correos, resaltando logros de Jeremy en deportes y académicos. Al acercarse mayo, me alisté para un viaje que me llevaría nuevamente a Minnesota. "Casos prácticos" era un evento anual organizado por seis escuelas para jóvenes y sus familias. Luego de revisar ejemplos de solicitudes universitarias, se emparejaba a estudiantes y padres con funcionarios de admisiones para simular el proceso de selección.

Al concluir la noche, el Sr. Swanson quiso platicar: "Quería hablar sobre...", comenzó, pero fue interrumpido por Jeremy. "Gracias por la charla de esta noche. Este proceso me agobia". La etiqueta de Jeremy lo identificaba como Embajador, y antes de que su padre pudiera retomar, él comenzó a hacer preguntas sobre biología y estudios ambientales.

Independientemente de los obstáculos que encuentres en tu trayecto, te invito a enfrentarlos y moldear tu esencia. Y al hacerlo, ¡brillarás!

—Jeremy, cuéntale a Cynthia sobre tu segundo año.

—Lo haré, papá, pero no ahora.

Mientras empacaba, me encontré en medio de una conversación familiar.

—Jeremy, este es un buen momento.

—Sí, lo sé. Pero, por favor, no ahora, papá.

Jeremy fue asignado para ayudarme con el material de exposición. "¿Está todo bien, Jeremy?", pregunté. "Sí, a mi papá le preocupa que mis notas bajaron en la primavera del segundo año.

Pero te prometo que este año mi rendimiento ha sido excelente". Le agradecí y le di mi tarjeta.

Ocho meses después, supe de Jeremy a través de su ensayo universitario.

Ansiaba ver el Jardín de Shakespeare. La única razón por la que escogí el viaje a Nueva York. En un banco, entre flores frescas, sentía rabia. ¿Por qué no era mi mamá quien me mostraba este jardín? Llegué tarde al hospital un día de octubre tras un entrenamiento. ¿Por qué se fue sin decir adiós? Sin un "Te quiero", sin un "Buen día". Simplemente se fue. Sin despedirse. Sin más. Sin abrazos. Nunca me lo perdonaría.

No recuerdo mucho del segundo año. Era un zombi en la escuela. Las miradas de lástima solo me hacían sentir peor. No merecía compasión; había sido un hijo terrible.

Sin embargo, esa primavera planté flores siguiendo los diseños de mi mamá. Mi papá y yo pusimos un árbol morero con un banco, tal y como ella quería.

Esa primavera, dejé el golf por herramientas de jardinería. Dediqué tiempo al jardín, moldeándolo y cuidándolo. Algunos días sentía que podía superarlo.

Hoy, ya no soy esa tormenta en el jardín. Con cada año, el jardín y mi alma florecen más.

Mis ojos se llenaron de lágrimas. Todo cobraba sentido. Jeremy había atravesado una crisis en el segundo año debido a la muerte inesperada de su mamá. Hasta ese momento, no había podido expresar su dolor ni defender su situación.

VERDAD:

Ésta es la historia de un padre que busca incansablemente apoyar a su hijo, y paralelamente, la de Jeremy, quien encuentra su camino, enfrenta los desafíos de su vida y, al final, se defiende por sí mismo. Jeremy tenía claro que le tocaba a él dar cuenta de sus notas bajas, y no a su padre. Solo requería un poco de tiempo.

Reflexiona sobre tus desafíos. Casi todos los adolescentes tienen algo que les parece una barrera para el éxito. A veces, ese obstáculo es evidente, como con Jeremy, mientras que otros batallan con baja autoestima, un entorno familiar complicado, depresión o dificultades de aprendizaje.

Las universidades buscan a perseverantes, a estudiantes con la resiliencia para seguir adelante y que estén dispuestos a luchar por lo que quieren. Independientemente de los obstáculos que encuentres en tu trayecto, te invito a enfrentarlos y moldear tu esencia. Y al hacerlo, ¡brillarás!

CONSEJO Nº 19 — No siempre se gana. Pero disfruta de un helado igual.

HISTORIA:
Como el filo de una espada, el rechazo atraviesa el corazón

Cyndie estaba junto al basurero, despedazando la carta oficial ante los ojos de la maestra que había enviado esa misma carta. Al sonar el timbre, la señora Rosenberg elevó su tono: "Todos a sus lugares". Enfática en su gesto, Cyndie continuó desgarrando su notificación hasta que no quedó más para romper. Dando un giro con su falda de porrista, se apartó de su silla, que siempre estaba al frente. Ese día, Cyndie no sentía ánimos de participar activamente en la clase de literatura.

Si entiendes que intentar y no lograrlo es parte del trayecto hacia tu éxito, entonces no vivirás el fracaso de manera tan personal.

No era su día. Kristin entendía que era mejor no comentar nada, pero en solidaridad con su amiga, también eligió sentarse al fondo del salón, algo que no había hecho en todo el año.

Kristin y Cyndie conectaron rápidamente cuando resultaron ser las únicas estudiantes de primer año seleccionadas en el equipo de porristas del colegio. Desde aquel momento, eran inseparables. Ser porristas las llevó a unirse al Key Club y, más adelante, en otoño, se postularon para el consejo estudiantil y salieron elegidas. Al comienzo del semestre de primavera, Cyndie empezó a trabajar de mesera en un restaurante local, y solía irse directamente después de clases para cubrir su turno de las 4 p.m. Cyndie alentó a Kristin a unirse al periódico escolar y a cubrir eventos extracurriculares con fotografías.

En su segundo año, ambas continuaron sobresaliendo en la vida escolar. A pesar de las extensas horas en el colegio debido a actividades extracurriculares, ambas destacaron en sus clases avanzadas. Kristin incursionó en la actuación y obtuvo un rol en la obra del otoño y el musical de primavera. Cyndie, por otro lado, destacó en los campos de fútbol y sóftbol. Y siempre, de alguna manera, hallaban momentos para compartir antes de clases, en los recreos y los fines de semana.

Mientras abría su Dr. Pepper, Kristin sugirió: "Deberías postularte para el puesto de editora junior de 'The Blade'. Vamos a necesitar más redactores para el próximo año".

Cyndie, sacando unos mini donuts de chocolate, le ofreció uno a Kristin y respondió: "Sí, lo había considerado, pero no soy escritora".

Sin perder un instante, Kristin mordisqueó su mini donut y le recordó a Cyndie un detalle crucial: "Cyndie, sería la excusa perfecta para ir a todos los juegos y apoyar a Scott en vez de hacer como que estás ahí por mí". Cyndie casi se ahoga con su bocadillo y, con eso, decidió intentarlo.

Cyndie buscaba un escrito que sirviera como muestra y revolvió entre sus cosas hasta dar con uno. "Ah... esto es perfecto", Una de sus tareas preferidas era de la unidad sobre "El guardián entre el centeno". La Sra. DeMuro había solicitado a los estudiantes que elaboraran un relato breve usando el vocabulario de la obra y considerando el estilo y dicción del protagonista, Holden. Cyndie sintió que ese texto representaba perfectamente su habilidad como escritora.

Una semana después, al sonar la campana que marcaba el final de la primera hora, Cyndie buscó a Kristin entre las risas y murmullos de los jóvenes del colegio.

—Justo recibí mi carta", —comentó Cyndie con una sonrisa que dejaba ver sus dientes—, pero quería que tú la vieras primero.

—¡Vamos, ábrela ya!

En la esquina superior izquierda del sobre blanco resaltaba "The Blade" con un sello en tono rojo oscuro. El logo de los Bucaneros del BHS lucía en colores granada y dorado, con una pose desafiante y una espada en mano.

Con un rápido movimiento, Cyndie abrió el sobre y comenzó a leer. No obstante, tras unos instantes, lo cerró nuevamente.

—No entiendo. Vayamos a almorzar, —dijo Cyndie de manera cortante mientras se alejaba.

—¿Qué pasó? ¿Qué dice? —Cyndie continuó caminando sin responder.

—Debe haber un error, déjame verlo. Cyndie, por favor. —Kristin leyó detenidamente el contenido.

—Dos porciones de pizza, papas fritas, donas de chocolate y un Dr. Pepper", —ese fue el menú elegido por Cyndie.

—Señalan que puedes intentarlo nuevamente el próximo año, y...

—Cyndie la cortó: — Déjalo, escribir no es lo mío. Eso es más tu estilo.

Pasaron un rato en silencio, compartiendo donas y Doritos antes de la clase con la señora Rosenberg. Aquella semana, el pequeño berrinche de Cyndie opacó un poco su impecable imagen, pero Kristin la apreciaba aún más por ello. En señal de apoyo, Kristin acompañó a Cyndie en su malhumor por tres días. Al cierre de la semana, Kristin persuadió a Cyndie de no descargar su frustración con la señora Rosenberg y, sobre todo, de no ser tan dura consigo misma.

Esa noche, el padre de Cyndie invitó a las dos amigas a disfrutar de un helado. "Me sorprenden, han intentado de todo en el colegio. Estoy muy orgulloso de ambas".

Con cucharas rosas en mano, Cyndie y Kristin disfrutaron alegremente de sus helados.

VERDAD:

El rechazo es una parte inevitable de la vida. Lo que resalta en esta historia es lo siguiente: está bien darte un momento para sentirte mal o molesto, pero después, es momento de superarlo. No eres el único que enfrenta fallos, rechazos, que no entra en un equipo o que no tiene una redacción impecable, así que deja de lamentarte. Es crucial comprender desde joven que no siempre se logra todo lo que se desea. Desarrolla una actitud positiva frente al rechazo. Estos son los días ideales para dirigirte a tu espacio de alegría y elaborar una lista en tu celular, computadora o en tu cuarto, destacando tus éxitos. Ponle una estrella a cada uno, y te aseguro que te sentirás mejor. Si entiendes que intentar y no lograrlo es parte del trayecto hacia tu éxito, entonces no vivirás el fracaso de manera tan personal.

Jamás seas tan duro contigo mismo. Asimila la enseñanza que el rechazo te brinda. Y si alguna vez tienes dudas, ¡come un helado!

**CONSEJO
N° 20**

Engañar no arruina tu reputación, define tu carácter.

HISTORIA:
Caída en desgracia

Cuando Ken terminó su prueba, pidió permiso para ir a su casillero. Sentado junto al escritorio, ya vacío, Craig tomó fotos del frente y dorso de la prueba de Ken con su celular en modo silencioso. Al finalizar el día, otros cinco estudiantes recibieron las fotos de Craig. Esa tarde del jueves, uno de ellos fue descubierto por haber plagiado en su examen de recuperación de la mañana.

> *Siendo joven, tal vez pienses que nada te puede detener, que eres insuperable e irremplazable; y si bien eso puede ser cierto para ti, avanza con cuidado.*

—Yo no hice trampa. Hice mi examen por mi cuenta, profesor Dixon, —defendió el joven. Craig McGraw era el orgullo de su familia, descendiente de futbolistas. Su abuelo, su papá y su tío habían jugado en los Varsity Vikings y habían ganado campeonatos estatales en tres épocas diferentes. Craig tenía la meta de llevar el fútbol de los Vikingos de vuelta a la cima.

—Vi que las fotos originales venían de tu celular, —Craig detectó la decepción en la voz del profesor Dixon.

—Profesor Dixon, lo juro, sé que me equivoqué con las fotos, pero no plagié en el examen, —Craig se ruborizó y su corazón latió rápido.

Lección: Engañar es una decisión, no un accidente.

El profesor Dixon había sido el entrenador de fútbol de Craig en su primer año y sabía que estaba destinado a ser grande. Trató de ocultar su tristeza: "McGraw, dime ahora, ¿cuál es el código de honor académico?". Sin dudar, Craig respondió: "No daré ni recibiré ayuda", bajando la mirada agregó, "Lo lamento, entrenador. Fallé".

Lección: Haz lo correcto, no lo que es fácil.

Craig esperó en la oficina mientras el decano Dixon llamaba al señor McGraw para agendar una reunión conmigo en la oficina del director al día siguiente.

Los Vikingos jugarían el viernes por la noche contra un equipo con un buen récord y dos seniors ya fichados por universidades de la División I. Al inicio del campeonato, el entrenador en jefe Biff (apodado así por haber jugado en la Universidad de Michigan) y el director deportivo, Carlton Ross, sabían que un buen partido contra este rival mostraría que los Vikingos estaban mejorando. Este era el juego que Craig había esperado todo el año y toda su familia planeaba asistir. Sin su principal defensor, los Vikingos tendrían problemas para defender y menos aún para ganar.

A las seis de la tarde, el entrenador Biff y Carlton tocaron mi puerta: —¿En qué puedo ayudarles, señores?

—Doc, todo el equipo está hablando de McGraw..., —el entrenador Biff se exaltó un poco y Carlton tomó la palabra.

—Es por el equipo, los exalumnos y el futuro del fútbol vikingo. Solo pedimos que lo consideren, —Carlton pausó.

—Interrogué: —Si un jugador compartiera fotos de sus jugadas secretas con un rival, ¿le dejarían jugar el siguiente partido?

—Con todo respeto, Doc, no es lo mismo. Craig insiste en que no hizo trampa en su prueba.

—Carlton intervino: —No estamos en desacuerdo con que hizo algo mal. Solo creemos que una suspensión puede esperar hasta el lunes.

—Entiendo, esperaré para escuchar a Craig en la mañana, cuando esté con su padre. Recuerden que no solo enseñamos lecciones deportivas.

Lección: El éxito sin integridad es un fracaso.

El profesor Dixon llegó temprano el viernes y juntos diseñamos un plan basado en los valores del colegio.

Saludé a los dos hombres al llegar. "Por favor, siéntense. Supongo que ya conocen al profesor Dixon", todos se saludaron. "Craig, me gustaría que nos contaras con tus palabras lo sucedido".

Hubo un silencio: "Dr. Colón, lo lamento. Mis acciones no reflejan quién soy. Decepcioné a mi equipo, a mi familia y a mí mismo". Craig respiró hondo, listo para decir las palabras más difíciles de su vida. El señor McGraw tocó la espalda de su hijo: "Estoy aquí, estoy orgulloso". Aquello dio a Craig el valor para seguir: "Quiero aceptar mi castigo y no jugar hoy".

**Lección: Tus creencias no te hacen mejor persona,
sino tu comportamiento.**

VERDAD:

Uno de mis profesores preferidos de la secundaria, Ed, solía decir: "El fútbol es muy importante en tu vida, pero no lo es todo en la vida". Esta historia es un claro reflejo de eso. Todos, sin excepción, cometemos errores, incluso los adultos. Pero cuando te tropiezas, el reto está en levantarte, asumir las consecuencias y actuar con integridad. Siendo joven, tal vez pienses que nada te puede detener, que eres insuperable e irremplazable; y si bien eso puede ser cierto para ti, avanza con cuidado. Entiende que está bien cometer errores, es más, es necesario. Si aprendes a asumir esos errores con dignidad, esas lecciones perdurarán mucho más que cualquier aprendizaje en una temporada de deportes.

En cuanto a las admisiones universitarias, esta es una de esas lecciones que tal vez no vuelvan. Las habilidades atléticas de Craig eventualmente lo llevarían a formar parte de un equipo de fútbol de la División I. Sin embargo, quiero pensar que fue su carácter y su humildad, evidentes cada vez que Craig se encontraba con un nuevo entrenador universitario, lo que al final le brindó múltiples propuestas. Luego de ese episodio durante su penúltimo año, Craig se enfocó más en sus estudios y logró un rendimiento casi perfecto (excluyendo matemáticas) ese año. A sus jóvenes 16 años, Craig había aprendido a enfrentar sus errores con humildad.

CAPÍTULO 5
Recursos y nota final

¿No te fascinaron esas historias y lecciones de vida? Este es realmente mi capítulo predilecto, ya que pienso que el fracaso es el componente perfecto que todo joven necesita para hallar el coraje necesario para avanzar y, al final del día, lograr el éxito. El capítulo 5 es un recordatorio de lo impresionantes que son todos ustedes. Y ya que hablamos de ser impresionante, algunos de nuestros estudiantes han superado sus propias barreras, ya sean académicas o relacionadas con alguna de las 5 D. Si buscas más ejemplos, escanea el código QR en la sección de herramientas al final del libro y te dirigirá a la lista de iTunes de mi podcast, Destination University. Ahí podrás escuchar directamente a: Cosette (Episodio 121), Diego (Episodio 97), Caroline (Episodio 90), Grace (Episodio 92), Savannah (Episodio 94), Ethan L. (Episodio 106), Steve (Episodio 95), John (Episodio 128) y Jeffrey (Episodio 129).

Así como el Monday Morning Quarterback sirve para criticar acciones y decisiones pasadas, yo promuevo el Domingo de Crecimiento Personal. Reúne a tu equipo de apoyo, a tu grupo de alentadores y a tu comunidad de personas que creen en ti, ¡y revisa y ajusta tu estrategia para triunfar!

Piensa en la secundaria como en un enorme alambre de púas con la más grande red de seguridad debajo. Esa red está allí esperando que te tropieces y rebotes. Eres resiliente.

Así como el Monday Morning Quarterback sirve para criticar acciones y decisiones pasadas, yo promuevo el Domingo de Crecimiento Personal. Reúne a tu equipo de apoyo, a tu grupo de alentadores y a tu comunidad de personas que creen en ti, ¡y revisa y ajusta tu estrategia para triunfar!

Ya estás en la última etapa y listo para tomar el control del último año. ¡Lo lograste!

¡Manos a la obra!

Capítulo 6

TU PLAN PARA EL ÚLTIMO AÑO ESCOLAR

CAPÍTULO 6
Introducción

Bueno, lo diré claro: las postulaciones a universidades son como la declaración de impuestos para los jóvenes. Debes recolectar registros académicos y documentos oficiales, reportar cualquier donativo que hayas realizado, llenar los formularios correspondientes, respetar la fecha límite próxima y cruzar los dedos esperando un resultado alentador. Este agobiante proceso puede generar tensiones incluso en las familias más unidas.

Si has seguido el plan, para septiembre del último año, el noventa por ciento del trabajo duro ya está hecho. Lo único que queda es juntar todas esas piezas del rompecabezas, completar los formularios y hacer clic en enviar. Este capítulo te brinda un método paso a paso para armar tu lista de universidades, cómo decidir el tema de tu ensayo y cómo solicitar cartas de recomendación a tus docentes.

Antes de sumergirnos, quiero ofrecerte una lista de tareas a considerar.

ACCIONES IMPRESCINDIBLES:

1 - Considera la postulación a la universidad como un empleo temporal de medio tiempo y asigna horas cada semana para trabajar en las solicitudes.

2 - Reserva al menos 15 minutos al día para saltar, correr, pintar, cantar o gritar y liberar el estrés.

ACCIONES RECOMENDABLES:

1 - Comienza a trabajar en las solicitudes y a recoger información el verano previo al último año.

2 - Organiza una junta semanal de 40-50 minutos con tus padres o mentores. Esto evitará que te bombardeen con preguntas todo el tiempo.

ACCIONES POSIBLES:

1 - Busca un profesor especializado en escritura. Podría ser tu docente de literatura, tu consejero escolar, mis videos de YouTube o ejemplos gratuitos de ensayos. O podrías inscribirte en un taller de escritura. Sea lo que sea, asegúrate de encontrar a alguien que comprenda que un ensayo universitario es distinto de una tarea regular de literatura.

Ahora, ¡manos a la obra!

CONSEJO Nº 21	Tu lista de universidades es clave. El objetivo es tener varias alternativas en abril.

HISTORIA:

Escucha a tu consejero, pero finalmente elige lo que te parezca mejor para ti.

Saige era una estudiante consistente, con notas destacadas, un par de materias avanzadas, calificaciones promedio en sus pruebas y una variedad aceptable de actividades extracurriculares. Hace poco, Saige llegó a mi oficina y me dijo con determinación: "Dra. Colón, he decidido que quiero ir a Dartmouth". Una joven como Saige *Solo en Estados Unidos existen cerca de 3.000 universidades de cuatro años para considerar. Por favor, no te enfoques únicamente en las 100 más prestigiosas.* podría ingresar a casi cualquier universidad de cuatro años en el país, excepto quizás a las más prestigiosas. Antes de que llegara, había preparado algunas universidades adicionales para proponerle.

"Sé que quieres discutir sobre tu solicitud temprana a Dartmouth, hablemos de eso primero. Después quisiera revisar tu lista de universidades, ¿te parece?"

"Por supuesto, traje mi lista", Saige mostró una hoja con varias universidades anotadas. Observé la lista y la coloqué sobre el escritorio mientras conversábamos sobre su ensayo, el waterpolo y su trabajo en el proyecto Escuela sobre Ruedas. Su sonrisa me dio confianza.

—Veamos tu lista.

Las universidades que había anotado eran Duke, Brown, Stanford, Northwestern, Amherst, Columbia, UC Berkeley y Vassar.

—Saige, todas estas universidades son desafiantes incluso para los mejores candidatos. Deberíamos considerar otras opciones. ¿Qué opinas?

—Por primera vez, Saige se acomodó en su silla. El resto de la charla fue como un trueque entre niños intercambiando snacks: —Te cambio mis galletas de dulce de leche por tus gomitas.

Necesitábamos añadir universidades más accesibles y otras intermedias a su lista. Propuse Oberlin, Universidad de Iowa, Hamilton, Colby y Emory. Saige analizó mis sugerencias y empezó a descartar algunas.

—Saige, —la miré con seriedad, —mi tarea es garantizar que en abril tengas varias alternativas. En tu lista actual no hay garantías.

Justo antes de las vacaciones de fin de año, Saige se asomó en la puerta de mi oficina. Inclinada hacia un lado, su cabello caía entre la puerta y su hombro. Su expresión era de desolación.

—Me rechazaron, —dijo sin moverse.

Incliné mi cabeza en señal de empatía y expresé: "Oh, Saige, lo lamento mucho". Ella me miró profundamente y se adentró lentamente en mi oficina.

—Quiero intentar de nuevo con una 'solicitud regular', —su tono de voz dejó de lado la tristeza para tornarse práctico.

—Saige, un rechazo significa que te han descartado de su grupo de postulantes, —por más delicado que sonara en mi mente, era difícil encontrar palabras suaves para decirle a una joven que su sueño acababa de ser destrozado. Me quedé en silencio, permitiendo que expresara su tristeza. Fue en ese momento que me percaté de que nunca lo vi venir.

Luego de las vacaciones, me encontré con Saige: —¿Cómo avanzas con las postulaciones, Saige? Sólo tengo tus papeles de las universidades que elegiste inicialmente.

—No me postulé a las demás. La verdad es que no quiero ir a ninguna. —No supe cómo responder.

—Saige, no puedo garantizarte que serás admitida en esas universidades. Y el plazo del 15 de enero termina en una semana.

Saige simplemente se encogió de hombros, como queriendo decir: "No es gran cosa, no hay de qué preocuparse".

Pocos minutos después de que saliera de mi oficina, imprimí una Solicitud General y se la di personalmente a Saige en su salón de clases, instándola a que la llenara antes del viernes. El jueves por la mañana, antes de que sonara el timbre inicial, ya tenía la solicitud completada en mis manos. Saige había optado por diez universidades que me parecían adecuadas y, por iniciativa propia, también había considerado Colorado College, Manhattanville y Wheaton. Saige estaba confiada en que tendría alternativas en abril.

VERDAD:

Solo en Estados Unidos existen cerca de 3.000 universidades de cuatro años para considerar. Por favor, no te enfoques únicamente en las 100 más prestigiosas. Hazte un bien y regresa al capítulo dos de este libro para que investigues adecuadamente. Mantente receptivo a explorar nuevos lugares y encuentra universidades que ofrezcan la carrera que deseas. Recuerda que en la admisión universitaria hay tres decisiones clave: 1) Dónde postulas, 2) Dónde te aceptan y 3) Dónde te inscribes. Controlas completamente dos de estas fases, pero todo inicia con una lista sólida de universidades. ¿Entendido? Escucha a tu consejero académico. Suelen tener recomendaciones de universidades que quizás no conozcas y que podrían ser una excelente elección.

TIENES SOLO UNA OBLIGACIÓN:

Tu principal responsabilidad en el proceso de postulación es asegurarte de tener alternativas. Para lograrlo, sigue estas pautas: Tu lista debe incluir, como máximo, un 25% de universidades de Alcance Realista, un 50% de universidades 50-50/Objetivo y un 25% de universidades Probables/Muy Probables.

Por ejemplo, si planeas postular a 16 universidades, 4 serían tus universidades "soñadas", 4 serían las que consideras seguras y 8 serían una mezcla de universidades 50-50 y objetivas. Evita caer en la trampa de sobreestimar tus "oportunidades" de ser admitido.

CONSEJO Nº 22

Siempre solicita una carta de recomendación positiva de tu profesor.

HISTORIA:
T-A-C: ¡Cómo sacar lo mejor de tu profesor!

Durante el verano en que impartí clases de inglés a alumnos de primer año, les mostré la estructura para escribir un párrafo principal que incluye un tema, un análisis y una conclusión (T-A-C). Posteriormente, adopté esta estructura como consejera universitaria, enseñando a los jóvenes a aplicar el T-A-C al pensar en las cartas de recomendación de sus maestros: "Considera la T como la tesis de la carta, la A como el argumento o evidencia de apoyo, y la C como el párrafo de conclusión para el encargado de admisiones".

Si te tomas el tiempo de apoyar a tus maestros en este proceso, ¡harán lo posible para entregarte una carta de calidad!

Piensa por un momento en la labor de un maestro cuando se dispone a redactar una carta de recomendación. Puede tener una declaración inicial contundente pero olvidar las evidencias que respaldan esa idea. O quizás recuerde ese impresionante ensayo que hiciste sobre Madeleine Albright como la primera mujer

Secretaria de Estado, pero no sepa lo que haces fuera de clase. Nuestra meta es evitar eso, preparando todo con anticipación. He notado que las cartas de recomendación más efectivas resultan cuando el estudiante proporciona su propia estructura T-A-C al profesor.

PASO 1:

Reflexiona sobre la razón por la que eliges a ese maestro en particular para tu carta de recomendación. Tal vez has pensado que puede resaltar tus habilidades de comunicación, escritura, investigación, artes o incluso ciencias y tecnología. Este maestro también podría mencionar características tuyas como líder, atleta o colaborador comunitario. Entender lo que crees que tu maestro podría destacar es esencial antes de pedirle la carta. Ofrecer al maestro un indicio de lo que esperas en tu solicitud casi siempre garantiza una respuesta positiva.

Por ejemplo, Matthew podría decir: "Sr. Baran, estaba esperando que pudiera escribir mi carta de recomendación para la universidad. Gracias a los debates en su clase, mejoré en la comunicación de mis argumentos. ¿Piensa que podría darme una buena recomendación?".

PASO 2:

Después de recibir el "sí" de uno o dos maestros, inicia el verdadero esfuerzo. Usando una versión simplificada de T-A-C, escribe una breve descripción sobre ti para cada maestro. Escoge dos o tres cualidades que desearías que cada maestro enfatizara. Proveer al maestro con habilidades y cualidades específicas le permite pensar en otros ejemplos positivos. Estas evidencias de apoyo que ofreces son las que influirán en su perspectiva al escribir tu carta. Una carta destacada incluye evidencias anecdóticas sólidas que respalden las afirmaciones del maestro. Algunos ejemplos breves serían:

Para el profesor de Estudios Sociales de Matthew:

En su clase de Historia estadounidense, mejoré mi habilidad para comunicar al aprender a debatir y discutir con mis compañeros. Pude aplicar esas habilidades en mi trabajo final, argumentando persuasivamente sobre por qué Leroy Robert "Satchel" Paige es el mejor lanzador en la historia del béisbol.

Para el profesor de ciencias de Matthew:

Tomar física básica contigo en mi primer año me motivó a unirme al equipo de robótica de la escuela "Record Seaker". Aprendí contigo a construir, programar y manejar un robot real. Recuerdo cuando "Seas the Day" tuvo problemas en la competencia FIRST el año pasado. Con tu guía, lideré a mi equipo para diagnosticar y solucionar rápidamente el inconveniente antes del siguiente round de eliminación.

PASO 3:

Ahora estás listo para obtener lo mejor de tu maestro y presentar una postulación de calidad. ¡Date un aplauso!

VERDAD:

No todas las universidades requieren cartas de recomendación, pero para aquellas que sí, estas son esenciales. ¿La razón? Cada componente de la solicitud —tu historial académico, los puntajes de los exámenes, los ensayos personales, las cartas de recomendación y quizás una entrevista— ofrece una visión más profunda de quién eres tanto académicamente como individualmente. Piensa en cada elemento como un reflejo de tu vida que relata genuinamente tu trayectoria.

El acto de redactar toma tiempo y no es sencillo para todos los maestros. Si te tomas el tiempo de apoyar a tus maestros en este proceso, ¡harán lo posible para entregarte una carta de calidad! Al hacer esto, demuestras a tus maestros tu compromiso y seriedad hacia el proceso de admisión universitaria. Aprovecha la influencia que tienes sobre cada aspecto de tu solicitud, y te beneficiarás enormemente por ello.

> **CONSEJO Nº 23**
>
> Tus acciones definen tu currículum. La razón detrás de tus acciones define tu ensayo.

HISTORIA:
Descubre tu razón y triunfa

¿Qué es lo que valoras? ¿Qué tiene relevancia para ti? ¿Cómo eliges el tema de la redacción más trascendental de tu vida? Como tu asesor universitario, estoy aquí para guiarte.

En el Taller de Redacción de Ensayos, arrancamos con un ejercicio de "Valores" de 15 minutos. Solicitamos a los estudiantes que anoten lo primero que se les ocurra en siete categorías: Personas, Lugares, Liderazgo, Experiencias, Pasatiempos, Objetos y Experiencias Laborales. Algunos ejemplos podrían ser la abuelita, unas vacaciones familiares, el club de cocina o de películas, cómics, padres separados o una colección de tenis. A pesar de tener apenas

Es imposible condensar toda tu experiencia en un solo ensayo, por eso siempre insisto en: "No es sobre lo que valoras, sino por qué lo valoras".

15 o 17 años, tienes muchísimas vivencias que ofrecerán al lector una visión genuina de tu vida. Pero, esto necesita tiempo y una reflexión profunda.

Después de identificar tus valores principales (tus "QUÉ"), en la siguiente columna anota POR QUÉ son relevantes para ti. Por ejemplo, si el deporte es importante para ti, tu POR QUÉ podría ser 1) el espíritu competitivo, 2) la hermandad que has descubierto o 3) tu pasión por el conocimiento deportivo. Son tres ensayos totalmente diferentes. En la última columna, narra un recuerdo relacionado con tu columna POR QUÉ, no con tu QUÉ. Cuando encuentres el recuerdo ideal que coincida con tu razón, ¡estarás listo!

Es notorio cuando un ensayo proviene de alguien que se ha tomado el tiempo para descubrir su PORQUÉ. Los siguientes fragmentos son el resultado de varios intentos, y por varios me refiero a más de cuatro.

JAMES
Libertad para ser yo (experiencia de verano)

Equipados con tinte verde para el cabello y pintura naranja, fijamos el día. Nos reunimos en un patio lleno de césped y 25 chicos empezaron a pintarme de pies a cabeza. Ahí estaba yo, con shorts marrones, pelo rizado color turquesa y pintura naranja por doquier. Nuestro evento coincidió con los Tambores de Botellas de Agua y el Círculo de Meditación. Rápidamente, los tres grupos se unieron en una amalgama ruidosa de percusiones, incienso flotante y niños disfrutando Jamba Juice mientras ejecutaban danzas tribales y soltaban carcajadas. En medio de todo, un Umpa Lumpa disfrutando a lo grande.

Recuerdo claramente a James porque era increíblemente brillante. Aparentaba ser muy serio y estricto. Eso lo hacía parecer inalcanzable para muchos de sus compañeros. Estaba determinada a entenderlo y descubrir qué lo impulsaba. Entre sus intereses estaban el decatlón académico, el equipo de robótica y el Centro para Jóvenes Talentosos. Mi primer pensamiento fue: "Al lugar al que postula, todos son brillantes y tienen estos logros en su currículum. ¿Cómo hacemos que destaque en el papel?". Empezó a redactar el lunes. Para el martes, su borrador aún no me convencía del todo, lo que me mostró que incluso el estudiante más destacado puede tener un ensayo poco inspirador. Lo saqué y lo insté a compartir historias conmigo hasta que finalmente sonrió. Lo encontramos. Le dije, "Escribe sobre esa historia", y me miró confundido. "Confía en mí, ese es tu 'por qué'", y siguió mi consejo. Ese ensayo revela al verdadero James, al tiempo que sugiere al lector el tipo de ambiente donde James realmente pertenece.

RICHARD
Hockey sobre hielo en LA (atletismo)

Mis amigos y yo fuimos con todo el entusiasmo del mundo a hablar con nuestro director deportivo, pero nos cerró las puertas de inmediato. Sin embargo, no estábamos dispuestos a darnos por vencidos y empezamos a buscar ligas a las que pudiéramos unirnos. En esa búsqueda, descubrimos que el equipo profesional de la ciudad quería apoyar una liga de hockey para escuelas secundarias. Lo único que necesitábamos era reunir 200 dólares por cada jugador para formar parte de la liga. Pero había un par de desafíos: primero, solo éramos tres y necesitábamos seis jugadores; y segundo, no teníamos el dinero para inscribirnos.

...

Realizamos pruebas y tres jugadores más se nos unieron. De este modo, armamos nuestro equipo inicial.

146

Lo interesante de este ensayo es que no se centra tanto en jugar al hockey en sí. Al conocer a Richard, era evidente su pasión por este deporte, pero lamentaba que no fuera popular en Los Ángeles. Richard era una enciclopedia de hockey, y durante aquel verano, yo también aprendí mucho al respecto. Pero su verdadera satisfacción radicaba en haber creado un equipo de hockey en hielo en su escuela. Dicho de otra manera, su valor o "QUÉ" era claro: el hockey en hielo. Pero su "POR QUÉ" iba más allá de solo jugar; era dejar un legado en la institución que tanto quería. El ensayo deja en claro la pasión de Richard, su determinación y liderazgo. Simplemente brillante.

EL ENSAYO DE AUTUMN:
Pantano de Okefenokee (Viaje familiar)

La proa del bote se deslizaba suavemente por el agua de tono oscuro, parecido al té. El aroma húmedo y las ramas que caían, como si intentaran tocar el agua, aportaban un aire ancestral y misterioso al lugar. Al observar a mi alrededor, caí en cuenta de que no me encontraba en una novela de aventuras, sino en el típico viaje anual con mi familia.

...

Tony, nuestro guía, nos contó que "Okefenokee" es una palabra de origen nativo americano que significa "tierra que tiembla". Miré a los rostros de mi familia y sentí que, a pesar de estar en un lugar inestable, todo en mi mundo era firme.

Este es uno de los ensayos que más me ha gustado leer. Cuando Autumn y yo comenzamos a trabajar juntas, me mencionó que había viajado a 47 estados. Al preguntarle el "por qué", mencionó razones como "conocer el país", "explorar parques nacionales" y "compartir

147

largas horas de viaje en carro con su familia". Inmediatamente lo vi claro. Sus ojos brillaban al contar las anécdotas de los viajes con su familia por Estados Unidos, desde los parques nacionales de Grand Tetons hasta Acadia. Pero su verdadero "POR QUÉ" no eran los lugares que visitaba, sino el tiempo compartido con su familia. Este ensayo nos muestra un fragmento de la vida de Autumn, evidenciando lo mucho que valora esos momentos en familia.

VERDAD:

A los 17 años, ya posees todo lo que necesitas para redactar un ensayo impresionante. Lo esencial es enfocarte en la razón por la cual has elegido un determinado tema. Piensa en este ensayo como una ventana a través de la cual el evaluador de tu solicitud podrá vislumbrar un fragmento de tu vida. Es imposible condensar toda tu experiencia en un solo ensayo, por eso siempre insisto en: "No es sobre lo que valoras, sino por qué lo valoras".

Es común que muchos estudiantes crean que con un solo ensayo principal será suficiente para la mayoría de sus postulaciones. Siendo honesto, la mayoría de los estudiantes con los que colaboro suelen tener en su radar al menos dos o más universidades dentro del top 100. Si este es tu caso, pon mucha atención. Mi consejo es que desarrolles un repertorio de ensayos. En nuestros talleres y cursos, enseñamos los 4 Ensayos Fundamentales: 1) Quién soy, 2) En qué destaco, 3) Qué me hace especial y 4) Por qué quiero seguir la especialidad X. Si cuentas con esta serie de ensayos, he observado que los estudiantes pueden adaptarlos y ajustarlos según lo necesario.

No quiero alarmarte, pero vamos a hacer un pequeño cálculo. Si estás postulando al sistema de la Universidad de California, requerirás 4 ensayos. Las universidades privadas y otras instituciones públicas suelen pedir un ensayo principal y de 2 a 3 ensayos adicionales. Supongamos que tu lista contempla 2 sedes de la UC y 8 universidades privadas o públicas. Esto implica que necesitas al menos 20 ensayos distintos de 350 palabras o menos, además de una carta personal principal de entre 500 a 650 palabras. ¿Tienes claro el reto? Espero que sí. No pierdas tiempo, ¡inicia con tus ensayos lo más pronto posible!

> **CONSEJO Nº 24**
>
> Los mejores temas de ensayo están en ti, pero no siempre son evidentes. Profundiza.

HISTORIA:
Profundiza y hallarás un tesoro

La escuela no era lo primordial para Oliver. A pesar de no esforzarse al máximo, obtenía calificaciones aceptables y parecía conforme con ello. Sin embargo, su pasión radicaba en el teatro y su amor por la lectura. Aunque Oliver tenía buen rendimiento académico, era consciente de que necesitaba un ensayo que lo hiciera sobresalir, y fue eso lo que lo llevó a mí.

Comencé con una de mis preguntas habituales: "Cuéntame, ¿qué vería en las paredes y rincones de tu habitación?". Al principio, Oliver parecía desconcertado por la pregunta, pero accedió a responder. Una de las paredes estaba decorada con objetos relacionados con Notre Dame y un viejo mapa de South Bend, en el cual resaltaba un meandro del río St. Joseph, que da nombre a la ciudad. Con cierta timidez, Oliver mencionó que tenía sábanas de los Cubs, regalo de su madre y de su equipo favorito de béisbol. Su abuela, que daba clases en Chicago, organizaba reuniones anuales en el Wrigley Field, con la esperanza de que ese año fuese especial. En una cómoda, había trofeos que había ganado jugando al fútbol y al fútbol americano, y también de actuación. Tras graduarse de

Notre Dame y St. Mary's College, los padres de Oliver se mudaron a Hollywood en busca de sus sueños. Su madre tuvo algunas apariciones en la serie popular "Growing Pains". "El primer cajón a la derecha guarda todos los programas de teatro en los que he participado", comentó Oliver con una sonrisa, dándome una pista de hacia dónde dirigir el tema. Sin pausa, prosiguió describiendo el último rincón.

"En una esquina está la mecedora de mi padre, junto a mi espacio de lectura", su mirada reflejaba que lo mejor estaba por venir. De pequeño, su padre le leía en esa mecedora antes de dormir. Aún ahora, Oliver mantiene el hábito de leer cada noche. Aunque la estantería medía apenas metro y medio, la pared circundante estaba cubierta de fotos y postales que él y su padre habían recolectado. Intrigada, quise saber más. Durante una visita a Los Ángeles, visitaron Book Soup, donde Oliver encontró una foto de Elijah Wood, su actor favorito, leyendo en el set de "El Señor de los Anillos". Desde entonces, buscaron imágenes similares en librerías y tiendas antiguas. Su foto favorita mostraba a Walt Disney en una mecedora con una hija en cada rodilla mientras les leía un libro. No tenía

Los ensayos más impactantes no solo poseen una buena redacción, sino que también relatan una historia singular, se expresan con la voz genuina del estudiante y capturan la atención del lector de inicio a fin.

que presionar, continuó describiendo a otros lectores, Abraham Lincoln, Martin Luther King Jr., Marilyn Monroe, Albert Einstein, Hillary Clinton, Helen Keller y Muhammad Ali. La colección era como sus cromos de béisbol. Oliver podía nombrar la ciudad, el estado, la fecha y el lugar donde él y su padre habían encontrado cada preciada posesión. Era pura alegría verle contar cada una de ellas.

Y así, Oliver había revelado una parte de sí que nunca había compartido en un trabajo escolar. La temática -personas-, el foco -su padre-, el "por qué" -fomentar el amor por la lectura- y el relato único -la foto de Frodo iniciando una tradición-. Al dejar mi oficina ese día, Oliver tenía algo claro: ningún otro postulante podría replicar su ensayo. Había buscado en su interior y descubierto su tesoro personal.

VERDAD:

Tu ensayo de ingreso a la universidad brinda al encargado de admisiones una mirada a tu mundo interior. Incluso un ensayo que no esté perfectamente redactado (y hay muchos) puede sobresalir si la narrativa es cautivadora. No obstante, los ensayos más impactantes no solo poseen una buena redacción, sino que también relatan una historia singular, se expresan con la voz genuina del estudiante y capturan la atención del lector de inicio a fin. Si te tomas el tiempo para reflexionar sobre tus logros y valores durante la secundaria, ya habrás avanzado bastante. Escoger un tema es sencillo, el verdadero desafío radica en hallar esa historia que solo tú puedes contar. Te sugiero repasar el relato previo para realizar un ejercicio de escritura.

En muchos casos, los ensayos para la universidad tienden a ser muy genéricos y a menudo carecen de profundidad. Lo que quiero destacar es que, así como ciertas películas siguen una fórmula predecible —chico conoce chica, ambos se enamoran, ocurre un contratiempo, al final se reencuentran—, los ensayos universitarios pueden caer en lo mismo. Por ejemplo, Oliver pudo haber estructurado su ensayo siguiendo esta receta: de niño, su papá le leía, Oliver desarrolla un amor por la lectura, una estantería llena de libros le trae recuerdos de su padre. Sin duda, sería un buen ensayo, pero al explorar un poco más, descubrimos facetas y matices de Oliver que solo emergen al revisar, reevaluar y perfeccionar su ensayo en diversos borradores.

No sientas que todo depende de esto, pero es probable que este ensayo sea uno de los textos más relevantes que redactes en esta etapa de tu vida. No te quedes en la superficie. No te satisfagas con el primer o segundo intento; busca profundidad en tu narrativa.

CAPÍTULO 6
Recursos y nota final

Si buscas ejemplos de ensayos bien elaborados, te invito a visitar mi página web donde podrás descargar un paquete gratuito con 10 ejemplares destacados. ¡Estos ensayos han resistido la prueba del tiempo! Respecto a las universidades, hay varias que me fascinan, algunas que seguro ya conoces y otras que tal vez te sorprendan: la Universidad de Delaware, Fordham, Seton Hall, Agnes Scott, la Universidad de San Luis, la Universidad de Wisconsin y la Universidad de Miami (OH). Si te interesa conocer más sobre mis preferidas, escanea el código que encontrarás en la contraportada del libro: Rice University (Episodio 8), Bowdoin College (Episodio 43), UNLV (Episodio 44), Chapman University (Episodio 81), Guilford College (Episodio 57), Connecticut College (Episodio 4), Evergreen State College (Episodio 80) y University of San Francisco (Episodio 79).

NOTA FINAL

Si ya has recorrido las páginas de este libro, elaboraste tu estrategia, la pusiste en marcha y la adaptaste según necesidades, entonces tu plan está en plena ejecución. Has dado todo de ti en lo que está en tus manos y ahora solo queda aguardar con calma. Ve y disfruta de lo que queda de tu último año escolar, te lo mereces y ¡no podría sentirme más orgulloso de ti! Un nuevo camino te espera, así que no olvides celebrar cada logro que alcances en este recorrido.

¡Manos a la obra!

CAPÍTULO 7

TU NUEVO PLAN TE AGUARDA

CAPÍTULO 7
Introducción

Rojo, Amarillo, Verde. Así determinamos las admisiones.

Trabajar en el departamento de admisiones era como vivir en un constante dilema, similar al que enfrenta Sophie en "La elección de Sophie". Había tantos estudiantes a los que quería dar una oportunidad y muchos de ellos estaban sobradamente calificados. Sin embargo, la dura verdad es que no podíamos abrir las puertas a todos. Mi rol se centraba en analizar lo que se presentaba en papel. Pronto comprendí que la solicitud para ingresar a la universidad es

Cada miembro expresaba su decisión mostrando una tarjeta roja, amarilla o verde. Roja para rechazar, amarilla para Lista de Espera y verde para Admitir. Así se decidía el futuro académico del estudiante.

como la versión escrita de una entrevista para el trabajo de tus sueños. Imagina entrevistar entre 25 y 30 aspirantes diariamente por casi tres meses. Después de un tiempo, todos parecen tener las mismas respuestas. Sin embargo, había ocasiones en las que algunos lograban sorprenderme, hacerme reír o conmoverme profundamente.

Me apasionaba mi labor, excepto por las intensas tres semanas que denominábamos "Jornadas de Comité". Todos los días, en la Casa Kautz, se conformaban dos grupos con tres miembros del equipo de admisiones cada uno. Cuando me tocaba liderar, organizaba los expedientes por orden alfabético según el colegio y el postulante. Examinaba uno a uno, compartía mis observaciones iniciales y luego el comité intercambiaba opiniones, pedía aclaraciones y repasaba los últimos logros académicos del estudiante. Tras mi exposición, se establecía un silencio antes de la votación. Cada miembro expresaba su decisión mostrando una tarjeta roja, amarilla o verde. Roja para rechazar, amarilla para Lista de Espera y verde para Admitir. Así se decidía el futuro académico del estudiante.

Aún tengo frescos en la memoria a estudiantes como Sharon, de Palo Alto, CA, y a Claudia, de El Paso, TX, quienes desde un inicio recibieron una tarjeta verde. O Jeremy (mencionado en el Capítulo 5) que al principio fue considerado para la lista de espera con amarillo, pero posteriormente obtuvo el verde. Estos eran los momentos triunfales, los más gratificantes en mi labor de admisiones. Sin embargo, gran parte de mi tiempo estaba teñido de rojo, decisiones que, en ocasiones, aún resuenan en mí. No era una parte agradable de mi trabajo.

El propósito de este capítulo es infundirte esperanza y mostrarte un poco de lo que sucede detrás del telón. Todas las historias que conocerás tienen un final victorioso, pero no te confundas. Todos los postulantes enfrentaron al menos dos rechazos o incluso más. Y a pesar de que el rechazo puede ser doloroso, siempre prevalece el coraje demostrado. Las admisiones universitarias no son para los temerosos. Se requiere de un valor inmenso para postularte a varias instituciones, sabiendo que tu solicitud será evaluada y categorizada en rojo, amarillo o verde. ¡Felicitaciones a ti, que tienes el coraje de intentarlo y buscar ser admitido!

¿Listo para conocer lo que sucede detrás de esas decisiones?

¡Hagámoslo!

> **CONSEJO N° 25**
>
> Celebra cada carta de aceptación como si fuera la única que recibirás.

HISTORIA:
Grandes aspiraciones, gran ciudad

Emily rompió esquemas con su elección de universidades de prestigio Ivy. En vez de optar por "H, Y, P" (Harvard, Yale, Princeton), decidió enviar sus solicitudes a "P, C, C" (Universidad de Pensilvania, Columbia, Cornell). Aunque estas tres universidades no eran menos reconocidas, ofrecían lo que Emily había anhelado desde secundaria: programas de cine de primera categoría. La impresionante lista de exalumnos destacados en el mundo del entretenimiento hizo que la UPenn fuera su opción principal, aunque estaría encantada con ser admitida en cualquiera de las tres. Algunos compañeros intentaron persuadirla de postular a la UCLA y la USC, pero Emily tenía sus reservas sobre no pertenecer al círculo elitista de Hollywood y ser excluida de los dos principales programas cinematográficos de Los Ángeles.

Recibir un sobre grande de una universidad es, sin duda, un honor. Festeja cada uno como si fuese el mayor triunfo hasta ahora. Y la realidad es que: ¡lo es!

Desde que ella y sus padres visitaron mi oficina cuando tenía 14 años, Emily quedó fascinada con las banderolas universitarias que adornaban el lugar. El Instituto Marymount representaba el escenario ideal para las ambiciones y los grandes sueños de Emily.

Desde su primer año, Emily se involucró activamente, uniendo fuerzas con el club de español, liderando retiros y fundando el club de cine bajo la mentoría de un profesor aficionado al séptimo arte. Sus abuelos le obsequiaron dos viajes seguidos durante las vacaciones de primavera con la Señora Valenzuela. En su segundo año, el grupo se aventuró a Costa Rica y visitaron las cataratas de Iguazú. Emily capturó momentos en cada sitio y luego creó un cortometraje de 5 minutos para los compañeros de viaje. Al siguiente año, exploraron cinco ciudades españolas, y Emily se comprometió a comunicarse solo en español, enamorándose irremediablemente del país. Al llegar a su último año, había pulido su pronunciación y, en su rol de presidenta estudiantil, frecuentemente se le invitaba a dirigirse a grupos de estudiantes más jóvenes o sus familias. Invariablemente comenzaba con un caluroso "Bienvenidos a Marymount", y acto seguido, "Gracias a todos por estar aquí". La narrativa de Emily sobre su desarrollo académico, liderazgo y las oportunidades en Marymount inspiró a muchas jóvenes. Su genuina alegría y carisma cautivaron a todos quienes la conocieron.

Dentro de los eventos anuales "Shorts on the Lawn" organizados por el Club de Cine, un vídeo de Emily, de apenas 3 minutos, mostrando a sus compañeros bailando por el campus al ritmo de "Happy", se volvió viral. El departamento de admisiones lo integró en sus presentaciones, y fue uno de los dos vídeos que adjuntó a sus postulaciones universitarias. El segundo relataba la leyenda del fantasma de Cantwell Hall, Malory Marone. Emily tejió una historia que entrelazaba generaciones de mujeres, narrando la ansiedad de una joven por integrarse y los desafíos que enfrentó para sobresalir. Este cortometraje de 12 minutos lograba un equilibrio sutil entre las alegrías y tristezas adolescentes. Era impecable: auténtico, visceral y con un toque rebelde. Obtuvo el tercer lugar en el Festival Internacional de Cine Estudiantil de Los Ángeles.

Justo cuando nos aproximábamos a marzo, comenzaron a llegar las respuestas de las universidades, tanto en los buzones físicos como en los electrónicos. En la última semana de marzo, Emily revisaba y festejaba cada uno de los sobres grandes que recibía. No era un misterio que el 1 de abril sería una fecha clave. Al día siguiente, llegué temprano a mi oficina y esperé a Emily. Sus brillantes ojos azules y su cabello castaño entraron al lugar con una sonrisa, festejamos juntas el contenido de ese sobre grande, mientras los otros tres sobres pequeños permanecían a un lado. Aunque las universidades P, C, C decidieron no admitirla, aquel último sobre representaba su séptima aceptación. Si Emily se sentía desilusionada, triste o molesta, no lo demostró. En mi oficina, mantuvo su actitud positiva mientras discutíamos sobre las opciones que tenía en frente.

Durante las vacaciones de primavera, Emily y sus padres se dirigieron al este para conocer las tres universidades finalistas en su lista. El lunes posterior a su viaje, Emily apareció con dos sorpresas para mí: un chai latte de soja y, en su otra mano, un banderín de la Universidad de NYU para añadir a mi colección. "Noté que te hacía falta este, Dra. Colón", y con ese gesto supe que Emily había hallado el lugar donde pertenecía.

VERDAD :

Año tras año, cientos, mejor dicho, miles de estudiantes se sienten desilusionados, los padres se quedan perplejos y hasta los orientadores a veces no hallan qué decir frente a las respuestas negativas que llegan de las universidades. Claro, sería fácil pensar que las cartas de rechazo se deben a las dos calificaciones B que Emily recibió durante sus años en la secundaria, o quizás a los puntajes un poco (y cuando digo un poco, es literal) más bajos en sus exámenes, o tal vez porque ese brillo especial que tiene no se percibió en su aplicación escrita. Uno quisiera encontrar ese único motivo por el cual no se abrieron esas puertas tan esperadas, pero realmente nunca lo sabremos. Lo cierto es que no hay una respuesta clara; tienes que entender que en universidades con alta demanda hay más candidatos excelentes que espacios disponibles. Por mucho que duela enfrentar un rechazo, es esencial recordar celebrar cada sobre "grande" como si fuese el único. Si logras hacer eso, te darás cuenta de lo sencillo que es apreciar cualquier universidad que hayas elegido y que, a su vez, te elija. Emily tomó la sabia decisión de enamorarse de la universidad que realmente le correspondía.

El proceso de admisión universitaria no siempre es equitativo. Hay varios momentos importantes a lo largo del camino; valora todos y cada uno de ellos. Recibir un sobre grande de una universidad es, sin duda, un honor. Festeja cada uno como si fuese el mayor triunfo hasta ahora. Y la realidad es que: ¡lo es! ¡Felicitaciones! ¡Ahora, a disfrutar de un helado!

CONSEJO Nº 26 Una carta de lista de espera no significa un sí ni un no.

HISTORIA:

Los chaparrones de abril a veces traen consigo las flores de mayo

Si bien no es común, consideré necesario hablar sobre esa carta de admisión que a veces parece dejarte "en el limbo". No te aceptan, pero tampoco te rechazan; simplemente estás en una especie de espera.

CANDIDATA Nº 1:

Colette había postulado solamente a una universidad de la Ivy League: Columbia, pues estaba enamorada de su programa de escritura. Sus calificaciones eran sobresalientes, era la mejor de su clase, tenía altos resultados en el SAT y un 800 en la sección de escritura del examen. Colette había dejado la danza irlandesa a finales de su segundo año para concentrarse en la escritura. La señorita Miller la había guiado y, para su último año, Colette era la editora del periódico escolar y de la revista literaria. Se había ganado el reconocimiento por sus columnas de opinión y poesía. También se había unido al equipo técnico de las presentaciones artísticas. Así, cuando no estaba enfrascada en su novela, se encontraba tras bambalinas. Sus profesores siempre hablaron maravillas de ella y enviaron cartas de recomendación resplandecientes. La señorita Miller llegó a decir: "Sin duda, Colette es la mejor estudiante que he tenido en mis 25 años de docencia". La única carta que decía "lista de espera" fue, sin duda, un golpe a su confianza. A pesar de las múltiples cartas de aceptación de todo el país, ese aguacero de abril opacó el entusiasmo de Colette.

Respuesta de Collete:

Como su consejera universitaria, contacté a la oficina de admisiones: "Diane, Colette es una de nuestras estrellas, ¿existe alguna posibilidad?". Diane me compartió que habían tenido una abrumadora cantidad de postulantes ese año y reconoció que, quizás un año atrás, Colette no habría sido relegada. Me alentó y con gran entusiasmo le transmití a Colette la idea de enviar una carta reiterando a Diane (la representante en Los Ángeles) las razones por las que esa universidad era su

No puedes darte el lujo de ser modesto; es el momento preciso para destacar tus méritos sin reservas.

top. Podría mencionar sus más recientes logros y cómo sería una parte activa de su comunidad. Pero Colette no estaba dispuesta. Si no lograron reconocer su valía desde el principio, no lucharía por ello. Aquella respuesta fue un duro golpe para su autoestima. Aunque agradeció mi apoyo, decidió seguir otro camino y se unió a los Wildcats en Northwestern de Chicago.

CANDIDATO Nº 2:

William Friedman venía de Scarsdale, Nueva York, y estudiaba en un amplio y bello campus. A simple vista, William no parecía el típico estudiante enfocado en artes liberales; practicaba fútbol cada otoño y lacrosse en primavera. Pasó sus últimos veranos en la ciudad con prestigiosas prácticas en Citicorp y CBS, y redactó sobre esas vivencias. Su interés principal era la economía. Sin duda, Vassar tenía interés en William, pero comparándolo con estudiantes de escuelas privadas, había otros con mejores rankings y argumentos más contundentes de por qué deberían ser admitidos en la universidad. Agregando complejidad a la decisión estaba el trasfondo educativo de sus padres. Aunque William no tenía planes de asistir al Wellesley College, donde su madre estudió, su padre sí había estudiado en Brown y era socio destacado en McKinsey & Company. La mayoría de los que aplicaron a Vassar también lo hicieron a Brown, y William no fue la excepción. Al final, la oficina supuso que, por su legado en Brown, recibiría una carta de aceptación y optaría por seguir el camino de su padre. Por ello, William recibió una carta de lista de espera de Vassar.

Respuesta de William :

Lo que muchos no veían era que Vassar realmente era la primera opción de William. A "Billy", como le gustaba que le llamaran, siempre le guiaron los consejos académicos y extracurriculares de su padre. En vez de fútbol, Billy soñaba con estar sobre el escenario. Finalmente dejó el lacrosse y se integró al musical de la temporada primaveral. Tenía planes de enfocarse en economía y, simultáneamente, unirse al departamento de artes escénicas. Después de recibir esa inesperada respuesta, Billy envió una carta reveladora a nuestra oficina, mostrando su verdadera esencia, sus aspiraciones y cómo esperaba aprender de sus pares en Vassar. Lo que antes le restringía para compartir sus verdaderas pasiones ahora estaba al descubierto. Era evidente que Billy no era una réplica de su padre y encontró una razón para pelear por lo que quería. Para finales de mayo, Billy recibió una oferta y decidió unirse a Vassar.

VERDAD:

Anualmente, el escenario de admisiones de una universidad cambia y es impredecible. Recuerdo que hubo un año en que tuvimos capacidad para aceptar casi 20 estudiantes de la lista de espera. En cambio, en otra ocasión, para principios de mayo ya estábamos al límite y no pudimos considerar a nadie más de esa lista. Con esto en mente, es importante reconocer que estar en la lista de espera no es un rechazo definitivo; es más bien un "no por ahora".

TÚ eres tu principal representante. Tu misión es ofrecer al encargado de admisiones –quien en esta analogía es el votante– razones contundentes para exclamar: "¡Claro! Apuesto por él/ella". Enfoco en la palabra contundente. Como postulante, esta es tu chance de mostrarte genuino y persuasivo a la vez.

Si abordas cada postulación como si la universidad tuviera una única oportunidad para elegirte (sin importar cuán selectiva sea), eso debería impulsarte a presentar la solicitud más impactante posible. Esto podría marcar la diferencia entre ser aceptado o quedar en la lista de espera. En este tramo, no puedes darte el lujo de ser modesto; es el momento preciso para destacar tus méritos sin reservas. Mi deseo es que no tengas que aguardar hasta mayo para recibir el reconocimiento que mereces. Así que demuestra tu valía y, con suerte, tendrás noticias positivas en abril.

**CONSEJO
Nº 27**

La elección de una
universidad es tuya,
no de tus padres.

HISTORIA:

Un matiz más oscuro de rojo

"¿Qué tal si lanzamos una moneda?" propuse, tratando de hacerlo más llevadero. Bobby había estado reflexionando sobre su elección por más de una semana. "¿O jugamos piedra, papel o tijera?" Mis intentos de bromear ya no eran divertidos para él, simplemente anhelaba una decisión.

"Por favor, Dra. Colón, necesito orientación". Bobby estaba ansioso, así que propuse un método que solía usar con las alumnas de Marymount. Trazando tres columnas y cuatro filas, coloqué en la cabecera las dos universidades de las 10 Grandes que estaban

Sé que decir a tus padres que su alma mater no es tu primera opción, o peor aún, que es la última de tu lista, no es fácil. Tómate un momento para expresar sinceramente dónde se inclina tu corazón y por qué.

en su radar. Luego pregunté: "¿Agregamos una tercera opción? ¿Qué te parece mi universidad favorita de Los Ángeles?" Bobby

166

aceptó y bromeó: "Al final, terminaré vistiendo de rojo de todos modos".

Le pedí a Bobby que mencionara los aspectos más relevantes de su experiencia universitaria. Sin dudarlo, dijo: "La carrera de negocios, la medicina deportiva para estudiantes practicantes, la chance de estudiar en otro país y el ambiente universitario". Escribí cada uno de estos en las filas de mi lado izquierdo. El deber de Bobby era evaluar cada universidad según estos aspectos.

"De los cuatro criterios que me proporcionaste, ordénalos según su relevancia para ti", aunque honestamente no necesitaba preguntarle; Bobby ansiaba estudiar negocios. Además, él lideraba el programa de medicina deportiva en San Bernardo y estaba inmerso en cada juego, ya fuera local o de visita. Se sumergía en libros durante los trayectos en bus, realizaba tareas entre juegos y a menudo estaba despierto hasta pasada la medianoche.

Lo que Bobby realmente deseaba era continuar en la línea de su padre, Michael Thompson, trabajando desde el banquillo en la universidad. El ambicioso plan de Bobby era obtener una doble titulación en administración y ciencias del deporte, y posteriormente, ingresar a una prestigiosa escuela de negocios para convertirse en analista de equipos deportivos de la NFL o MLB. Su abuelo, al que llamaban "Papá Jack", fue médico para los Cleveland Browns, mientras que su abuela, "Abuela (Mi)Chelle", laboró en las taquillas de los Cleveland Indians tras criar a los gemelos Michael y Mary. Cada vez que el padre de Bobby le compartía anécdotas de su juventud, Bobby soñaba con vivir esas experiencias en un estadio.

Al observar mi bloc amarillo, Bobby supo inmediatamente cómo procedería. Multiplicaría la calificación de la columna por la de cada criterio. Como ejemplo, Bobby situó los negocios como su prioridad, etiquetando la fila como "Principal" en el puesto nº 1. En contraste, las columnas A, B y C estaban listadas según el ranking de Bloomberg Businessweek para las mejores facultades de negocios; así, la Escuela de Negocios Kelley tenía un 1, la Escuela de Negocios Max Fisher un 2 y la Escuela de Negocios Marshall un 3.

Emocionado, exclamó: "¡Espera! Debería elegir la universidad con la menor puntuación, no la de mayor, ¿cierto?". La mente analítica de Bobby me superó. Con una simple afirmación de mi parte, se levantó y comenzó a caminar reflexivo: "Pero Papá Jack quiere que vaya a Columbus y siga con la tradición familiar. Nunca lograré una posición en el campo como principiante. El fútbol es muy prominente allí. Busco experiencia real en cancha". Era la primera vez en mucho tiempo que le oía insinuar: "No quiero ir ahí". Sabía cuál era la mejor opción, y su intuición estaba alineada con su razón.

Le pregunté: "Entonces, ¿qué has decidido, Bobby?". Esperé pacientemente su respuesta.

"¡Seré un Hoosier!" Me regaló una amplia sonrisa y chocamos las manos en señal de acuerdo.

Bobby disfrutó al máximo cada temporada, ya fuera en fútbol, baloncesto o béisbol. Papá Jack, Abuela Chelle y sus padres acompañaban a Bobby siempre que era posible. Todos lucían con orgullo los colores carmesí y crema. Bobby se dio cuenta de que su verdadero campo de sueños tenía un matiz apenas más oscuro de rojo.

VERDAD:

Cuando me contrataron para el Vassar College, me presenté ante salas llenas de estudiantes y padres. Uno de mis chistes favoritos era que en la lista de universidades a las que solicitas plaza suelen figurar (si no siempre) las universidades a las que asistieron tus padres en primer lugar. Las risas nerviosas confirmaban mi punto. Siempre recordaba a los padres que ya habían tenido su momento en la universidad y que ahora era el turno de sus hijos. Y con ese consejo, los estudiantes, como tú, exhalaban. Les doy permiso para decir: "Quiero elegir lo mejor para mí".

Sé que decir a tus padres que su alma mater no es tu primera opción, o peor aún, que es la última de tu lista, no es fácil. Tómate un momento para expresar sinceramente dónde se inclina tu corazón y por qué. Empieza diciendo: "No quiero herir tus sentimientos. Me encanta tu universidad. Pero no estoy seguro de que sea la adecuada para mí". O siempre puedes decir: "Quiero que te sientas orgulloso. He encontrado una universidad que sé que me gustará tanto como a ti tu universidad".

CONSEJO N⁰ 28

Escucha a tu corazón: solo tú sabes cuál es tu rumbo.

HISTORIA:
Alas Rojas

Es la parte alta del quinto inning, sin outs, y el pitcher estelar acaba de darle base por bolas al tercer bateador. Se pide tiempo. El coach, el catcher y los jugadores del cuadro se reúnen en el montículo. Scott le dice al coach con confianza: "Yo me encargo". El cuarto bateador hace unos swings de calentamiento mientras Scott se ajusta el guante con la pelota adentro. Rápidamente, escuchamos lo que suena

La lección detrás de su historia es clara: al final del día, tú eres quien decide tu futuro y, si lo has estructurado bien, tendrás diversas alternativas a tu alcance.

como un fuerte chasquido, señal de "Strike 1". Le siguen otros dos strikes en un abrir y cerrar de ojos. Un out. Respira hondo. Cierra el guante alrededor de la pelota y "boom", el quinto bateador intenta golpear y falla. Scott tira dos curvas logrando así dos outs. Las bases están llenas, falta un out. Respira profundo. El coach conoce el repertorio de Scott, su recta de cuatro costuras es su lanzamiento estrella, y se dice que supera los 160 km/h con su toque especial. El sexto bateador se prepara. El umpire se agacha y "bang", strike uno, seguido rápidamente por un "boom", strike dos. El bateador, desconcertado, pide tiempo para recomponerse. El estadio está en un silencio sepulcral: todos observan, nadie murmura, todos los ojos están fijos en el pitcher. Scott mira a segunda base, luego al bateador y, con un movimiento fluido, suelta una recta que impacta en el guante del receptor. Es demasiado para el bateador. Tres outs, cero carreras, termina el quinto inning, y el marcador sigue 0-0. Scott pitchea el resto del juego y los Buccaneers se llevan la victoria.

A pesar de que apenas comenzaba la temporada y siendo junior, era su momento de destacar. Si bien Scott acaparaba los titulares de los medios locales, siempre tenía palabras de aliento para sus compañeros en cada entrevista.

En su segundo año, Scott ya estaba en el radar de los scouts universitarios y era constantemente elogiado en la prensa. Ese octubre, miró asombrado cómo los Minnesota Twins ganaban su segundo campeonato de la Serie Mundial. Dos meses después, en un cálido día festivo de diciembre, Scott abrió el correo y ahí estaba: una tarjeta de tono crema con un único y distintivo logo. El trofeo dorado en relieve lo miraba directamente mientras sus dedos acariciaban cada banderín. Dentro, solo había una frase: "Feliz Navidad... de parte de Minnesota Twins".

La madre de Scott mostraba una sonrisa llena de orgullo en cada juego, pero en casa sus prioridades estaban claras: los estudios eran lo más importante. Si su hijo podía poner tanto empeño en el campo de juego, sin duda debía hacerlo igual en la escuela. Este enfoque en su educación rindió frutos, y Scott se posicionó entre los primeros 15 de una clase de 300 estudiantes. Vesta no solo veía a su hijo siendo buscado por algunas de las mejores universidades del país, sino también por scouts de Texas, Rice, Notre Dame, USC, UCLA y ASU. Scott no sentía afinidad por Texas, y dudaba poder adaptarse al frío del Medio Oeste. Si hubiera tenido que tomar una decisión después de ese juego perfecto, hubiera estado entre UCLA y ASU. Dos nombres lo influenciaban: Jackie Robinson y Barry Bonds.

Al concluir su penúltimo año, la temporada de béisbol terminó de manera agridulce, con los Bucs perdiendo frente a un rival histórico en el juego del campeonato. Sin embargo, esa derrota no disminuyó el interés mediático en la trayectoria de Scott. Ahora se especulaba sobre su posible selección en el draft. Aunque estaba al tanto del nivel de talento de sus competidores, y sabía que no sería escogido entre las primeras 20 o 30 rondas, Scott mantenía su enfoque en la universidad.

Durante su último año, Scott decidió unirse a la Universidad Estatal de Arizona, siguiendo los pasos de figuras legendarias como Barry Bonds y Reggie Jackson. Su filosofía siempre fue: "Ganar todo lo posible y jugar mientras pueda". Ese año, finalmente, Scott y su equipo se coronaron campeones de la CIF. En ese memorable juego, el joven de camiseta a rayas granates lanzó las siete entradas, permitiendo solo tres hits y una carrera.

En junio, Scott enfrentó una elección compleja. Tras ser seleccionado en la ronda 41, debía decidir su camino. Para sus amigos, la respuesta era evidente: aceptar la beca y jugar béisbol durante los próximos cuatro años. Pero Scott no lo veía tan sencillo. Desde los ocho años, se había sentido atraído por esa esférica de nueve pulgadas con costuras rojas. Esos 88 centímetros de hilo rojo encerado, que parecen darle alas a la pelota cada vez que sale disparada de las manos de un pitcher talentoso a velocidades de más de 90 millas por hora. Esa sensación inigualable que sentía Scott cada vez que lanzaba lo mantenía regresando al montículo. Para él, su camino estaba definido desde hacía una década.

El pendón dorado y granate de la universidad ASU que adornaba su habitación pronto sería reemplazado por otro de tonos rojo y azul con el distintivo logo de los "Twins".

VERDAD:

Si apuntas a la luna, terminarás en tu propia estrella. Esa estrella es única para ti, y solo tú reconocerás cuando has hallado tu lugar. Optar por el camino del béisbol profesional, las artes culinarias, la danza o una academia de diseño, tiene un impacto tan significativo en tu vida como decidir ir a la universidad.

Scott siguió cada paso al pie de la letra. Tuvo un plan académico, deportivo y de liderazgo. La lección detrás de su historia es clara: al final del día, tú eres quien decide tu futuro y, si lo has estructurado bien, tendrás diversas alternativas a tu alcance. Si tu corazón te impulsa hacia una dirección diferente a la universitaria, escúchalo. Solo TÚ conoces tu verdadero rumbo.

> **CONSEJO Nº 29**
>
> A veces, el número dos es realmente el número uno.

HISTORIA:

Gran Jess, gran amor

No recuerdo que Jess tuviera una calificación menor a excelente, siempre destacaba en todo. La única razón por la cual no fue la mejor estudiante de nuestro grado fue porque Dan había obtenido solo una calificación perfecta en su primer año. Tal vez el promedio la hubiera colocado como valedictorian,

El proceso de admisión universitaria te enfrenta a tu primera gran elección como adulto.

pero para todos en la clase, "Big Jess" ("La Gran Jess" en español) siempre fue la indiscutible número uno.

Desde sus primeros días en el campus, todos empezaron a llamarla "Big Jess" cuando tuvo un solo en una presentación en primavera de primer año, y fue un éxito rotundo. Al siguiente entrenamiento, Keisha la nombró "Big Jess", "la animadora de la semana", y el nombre se quedó con ella.

Jess sabía el nombre de cada uno de los 300 estudiantes de nuestra clase. Todos los días nos saludaba con un efusivo "¡Buenos díaaaas!" y abrazos. Era una mezcla entre la chica más popular y la más estudiosa. Su trato igualitario hacia todos la hacía única.

No estoy segura si Jess era consciente de que todos los estudiantes esperaban que fuera aceptada en la universidad de sus sueños, la UCLA. Solo había solicitado admisión en universidades públicas de California, salvo por algunas instituciones privadas cristianas donde podía conseguir becas sustanciales. Desde sexto grado, soñaba con la UCLA, y hacía tres años que nadie del Instituto Bellflower había logrado entrar. Cuando la aceptaron, la noticia se difundió por todo el colegio y todos, desde estudiantes hasta el personal de mantenimiento, se acercaron para felicitarla. Poco antes de las vacaciones de primavera, Mama Leslee, la madre de Jess, envió el depósito a UCLA, ¡y Jess oficialmente se convirtió en una Bruin! Como mejores amigas, ahora nos enfrentaríamos en distintas ciudades.

El último fin de semana de abril, Big Jess fue al evento "Cougar Pride" de la Universidad Azusa Pacific, invitada por Yuriko, una ex integrante del coro de BHS. Aunque la APU le ofreció una beca completa, la vivienda y la manutención resultarían más caras que en UCLA. Pero más allá de eso, Jess sentía que UCLA era su mejor opción para el futuro. Aquella noche de viernes, se quedó en los dormitorios y todos los amigos de Yuriko recordaban a Jess de una visita anterior. Al día siguiente, fueron a un festival primaveral, conocieron a otros nuevos estudiantes, y Jess cantó en el coro esa noche. Yuriko y Denise llevaron a Jess a "Doughnut Man", una tienda local, y aunque era la 1 a.m., había una fila enorme. Las tres se quedaron charlando en el salón del dormitorio, comiendo sus donuts Tiger Tail hasta las 4 a.m., conversando sobre familia, fe y futuro. Si bien en el Instituto Bellflower, Big Jess parecía tener todas las respuestas, de alguna manera, en la tranquila ciudad de Azusa, encontró más interrogantes.

El domingo en la mañana, el Decano de la APU lideró la capilla y comenzó diciendo: "Me desperté hoy y dejé a un lado lo que había preparado, porque Dios tiene otro mensaje para alguien aquí presente".

Big Jess no logra recordar exactamente lo que el Decano expresó, pero todavía siente cómo las lágrimas calientes corrían por su rostro. Se había acostado seis horas antes

Puede ser tu instinto, tu intuición, tu fe o cualquier fuerza superior en la que creas. En lo profundo, sabes exactamente qué paso dar.

cuestionando su vida, sus elecciones y su fe, y se despertó para que, en ese mensaje de 15 minutos, hallara todas las respuestas.

Por la tarde, cerca de las dos, mamá Leslee pasó a buscar a su hija y Big Jess se despidió de cinco de sus nuevos y cercanos amigos. Durante los cincuenta minutos de viaje de regreso, estuvo en silencio. ¿Qué decisión tomar? ¿Y el depósito de garantía? ¿Cómo podríamos costearlo? ¿Estoy preparada? Leslee simplemente encendió la radio y dejó que su hija reflexionara.

Justo antes de que su padre y hermano regresaran de sus labores voluntarias en la iglesia, Jessica salió de su cuarto, se colocó frente al televisor, miró a los ojos de su madre y afirmó: "Tengo que ir a la APU. Es donde debo estar". Mamá Leslee, sin dudarlo, abrazó a su hija y le aseguró: "Si eso es lo que deseas, hallaremos la forma".

Big Jess tenía una convicción inquebrantable. No le preocupaba la opinión ajena respecto a su elección, y yo estaba consciente de que era inútil intentar persuadirla. Cuando tomaba una decisión y su familia la respaldaba, no había vuelta atrás. Es un gran honor poder afirmar que fue aceptada en la UCLA, pero no se compara con el orgullo de graduarse de la Universidad Azusa Pacific. APU siempre será el lugar donde Big Jess experimentó su "gran" amor.

VERDAD:

Este proceso puede desafiar tu mente. A ojos del mundo, quizá te veas calmado y sereno, pero entiendo que genera mucha ansiedad y estrés. El proceso de admisión universitaria te enfrenta a tu primera gran elección como adulto. Es un reto para cualquiera, así que no seas duro contigo mismo si te sientes indeciso. Te sugiero que te aísles un poco y escuches lo que dicta tu corazón y alma. Puede ser tu instinto, tu intuición, tu fe o cualquier fuerza superior en la que creas. En lo profundo, sabes exactamente qué paso dar. Date el tiempo necesario para decidir, aunque cambies de parecer varias veces. Una vez que estés seguro (y lo estarás cuando llegue el momento), confía en tu elección y no mires hacia atrás. Pronto podrás gozar de tus últimos momentos con familiares y amigos antes de esta nueva etapa.

**CONSEJO
Nº 30**

A veces, los sueños de
la Ivy League se hacen
realidad.

HISTORIA:
A quien mucho se le otorga, mucho se espera de él.

La frescura de aquel día invernal parecía justo el marco para el primer tropiezo de Janah. Aunque "tropiezo" puede parecer fuerte, es así como lo vivió; en realidad, fue solo un aplazamiento de su universidad preferida. Desde que tenía 8 años, Janah soñaba con dos cosas: primero, ingresar a la mejor universidad que pudiera y, segundo, llegar a ser Presidenta de Estados Unidos (POTUS, por sus siglas en inglés). Trabajó duro para ser aceptada en el instituto Walter Payton en Chicago, donde académicamente destacaba siendo una de las pocas estudiantes afroamericanas. Sus excelentes notas, más de 12 cursos avanzados con honores y sus sobresalientes puntajes en exámenes eran tan solo parte de su brillo. Janah estaba en el equipo de debate, representaba a la escuela, participaba en el Consejo Juvenil del Alcalde y había lanzado su propio podcast, "The Bottom Line", entrevistando a compañeros sobre temas actuales. Janah tenía el perfil perfecto para Georgetown, pero aquel día de diciembre, su seguridad tambaleó ante el síndrome del impostor.

En septiembre, se alistó para cinco entrevistas con el programa Chicago Scholars. Tenía agendadas citas con American, George Washington, Georgetown, Columbia y Barnard. La American University la aceptó de inmediato con una atractiva beca. Esta propuesta influiría en su elección, así que Janah se sintió aliviada al confirmar que, de alguna manera, ya estaba en camino a la universidad.

A poco tiempo del plazo del 1° de noviembre, su charla con el representante de admisiones consolidó su decisión de optar por la Acción Temprana en Georgetown. A diferencia de la Decisión Anticipada, esta opción le permitía revisar su paquete de ayuda financiera y decidir antes del 1° de mayo.

Para la pequeña POTUS (mi cariñoso apodo para Janah), estar cerca de "The Hill" era ideal. Pero lo que realmente la conmovió fue el compromiso de Georgetown con su identidad religiosa. La inesperada carta de aplazamiento la afectó profundamente, así que Janah hizo lo que mejor sabía hacer: orar. "He peleado la buena batalla, he acabado la carrera, he guardado la fe", 2 Timoteo 4:7 RVR1960, se volvió su lema.

Después de tomarse unos días en diciembre para reflexionar, Janah retomó las solicitudes. Estaba considerando otras universidades de prestigio como la Universidad de Chicago, la UVA y la Universidad de California, Berkeley. Ya tenía en mente algunas de la Ivy League: Harvard, Columbia y, por su conexión con la historia de Estados Unidos, la Universidad de Pensilvania. Yo le había recomendado hace tiempo Cornell y Princeton, y después de investigar, ella las incluyó.

Aunque ya había redactado unos 12 ensayos, cada una de las universidades Ivy, Chicago y UVA tenían sus propias peticiones adicionales. Sin lamentarse, durante las próximas dos semanas, Janah se sumergió en cada solicitud, mejorando con cada intento. La joven POTUS no conocía la palabra "rendirse".

El 1° de abril, Janah se había enamorado de numerosas universidades con 10 cartas de aceptación en mano, tres de lista de espera y dos de rechazo. Si bien un "SÍ" de Georgetown la llenó de emoción, necesitaba estar segura de que era su lugar ideal.

Finalmente, todo se centró en cuatro universidades. Janah hizo buenas conexiones con los estudiantes destacados de UVA, pero pronto entendió que Charlottesville no era su sitio. El ritmo vertiginoso de Nueva York y el fuerte lazo que sintió con el Barnard College lo colocaron en su lista de prioridades. Pasó un par de días en Georgetown y quedó encantada. Georgetown le ofrecía ese ambiente familiar cristiano que tanto apreciaba, el escenario de una gran ciudad y más estudiantes, como ella, que aspiraban a llegar a "La Colina". Aunque no pudo asistir al fin de semana oficial de bienvenida en Princeton, un amigo le presentó a varios estudiantes y profesores y le mostró los clubes de comida. Apreció las charlas enriquecedoras, pero era evidente para Janah que era una de las pocas estudiantes afroamericanas en el campus, lo que le daba a Princeton un aire tanto acogedor como extraño.

Había muchas razones válidas para escoger Georgetown, pero al final, Janah recordó lo que había escrito con tanta pasión en sus solicitudes. Como alumna de una escuela pública en Chicago, expresó con firmeza: "He agotado mis recursos. Mi meta es expandir mi investigación y dedicación a nivel nacional. Busco una institución que complemente lo que me falta y sea mi escalón hacia el Despacho Oval".

La atmósfera tan particular de Princeton era justamente lo que ella buscaba. El bullicio de ciudades grandes como Nueva York o Washington DC ya lo conocía de sobra, mientras que Princeton la llevaría fuera de su entorno habitual. Las históricas residencias serían su nuevo hogar.

VERDAD:

He mencionado anteriormente que el proceso de ingreso a la universidad NO es para los de espíritu frágil. Se requiere una gran valentía para que un joven de 17 o 18 años se muestre, en esencia y emociones, a la espera de una decisión que marcará su destino.

Incluso el estudiante más destacado, y tal vez en **especial** él, ha enfrentado el síndrome del impostor. Todos los estudiantes con los que he colaborado (y han sido muchísimos) al llegar a su último año, comienzan a cuestionarse, a dudar de su identidad y a preguntarse si podrán superar este desafío. Muchos estudiantes en su último año simplemente se sienten abrumados y pueden quedarse estancados. Es doloroso presenciarlo, pero aquellos que logran resistir y seguir adelante obtienen sus recompensas. El hecho de que TÚ continúes leyendo este libro hasta el final me indica que lo superarás, al igual que lo hizo Janah.

No obstante, la clave es mantenerse fiel a tus sueños y soltar la expectativa de un resultado específico. Janah anhela un futuro prometedor, una vida llena de significado y una carrera dedicada al servicio. Desde temprana edad, reconoció que una manera (no la única) de acercarse a su meta vital era ser admitida y asistir a una de las mejores universidades de Estados Unidos. Su búsqueda de la universidad "idónea" se guio por su lista de "indispensables", "deseables" y "opcionales". Desde el comienzo, aprendió de mí que, para cada universidad considerada, debes tener un motivo. Debes poder responder: "¿Por qué, de las 3.000 opciones disponibles, eliges ESTA universidad?". La respuesta debe ser única para esa institución.

Luego de visitar sus cuatro universidades favoritas, quedó patente cuál era la ideal para la persona en la que desea transformarse, no necesariamente para quien es ahora. Para Janah, ese lugar es la Universidad de Princeton. Habiendo tenido el privilegio de colaborar con ella, estoy convencido de que está lista para hacer grandes cosas en el mundo.

Felicitaciones, Pequeña POTUS. Que motives a otros a alcanzar sus sueños más audaces.

CAPÍTULO 7
Recursos y nota final

No voy a maquillar la realidad. Si eres de los que sueña y actúa con el propósito de ingresar a las 100 universidades top, la ruta no será sencilla. Sin embargo, si estás dispuesto a darlo todo, vale completamente la pena. En los años recientes, nuestros estudiantes, a quienes cariñosamente llamamos "Campistas", han logrado entrar a las mejores universidades año tras año. Si deseas escuchar las experiencias de estudiantes que fueron aceptados en universidades con una tasa de admisión menor al 20%, escanea el código QR en la sección de herramientas al final del libro y sintoniza directamente los episodios de: Janah (149-152), Julia (146-148), Sean (142), Curtis (122), Max (131), Celeste (140), Juliana (120), Emilie (93), Julio (134), Hannah S. (125), Osose (110), Ashley (112) y Jadir (127).

NOTA FINAL:

¡Felicitaciones! ¡Sí, felicitaciones por mil! Estás en el camino correcto, justo donde deberías estar. Este es un instante lleno de emoción en tu vida. Convoca a tu grupo de apoyo, a quienes te motivan y a toda la comunidad de personas que creen en ti y ¡celebren juntos!

RECURSOS

Llevo más de 25 años en este rubro y, honestamente, es un desafío mantenerse actualizado con todos los recursos que surgen constantemente. Mi consejo es sencillo: encuentra a alguien que te inspire confianza y sigue su guía. Al igual que conté con el apoyo de mi madre y el Sr. Vargas, toda familia necesita alguien que les oriente en este proceso. Y déjame decirte algo, no estás solo en esto, ni deberías intentar estarlo.

Bien, ¡a continuación tienes una lista de recursos que les comparto a mis campistas y clientes particulares!

SITIO WEB DE LA DRA. CYNTHIA COLON (O SEA, MI PÁGINA)

Escanea el código QR que verás más adelante, accede a regalos exclusivos, explora mi blog o agenda una consulta sin costo. También encontrarás información sobre nuestros cursos y talleres, tanto virtuales como presenciales. Dream College Academy es nuestro programa integral para la orientación hacia la universidad y College Essay Bootcamp es uno de nuestros cursos más destacados, disponible en formato digital, virtual vía Zoom o en modo presencial. Cuando te sumas a nosotros, ¡te conviertes en parte de la familia!

PODCAST DESTINATION YOUNIVERSITY
(SÍ, ES MI PODCAST)

Dale play al episodio con mi primera invitada, Lydia Franco, quien es nada menos que mi madre. Ella comparte un consejo valioso para todos los padres: la ÚNICA palabra que deberían sacar de su vocabulario. Además, al concluir cada episodio, te recomendaré otros podcasts que te ayudarán a profundizar en los temas tratados.

¡Escanea este código QR con un iPhone o iPad para abrir la aplicación Podcast de Apple y empezar a reproducir el Episodio 1 de mi podcast!

Si usas un dispositivo Android o Pixel, escanea este código QR para abrir mi podcast en la aplicación Google Podcasts. *(Nota: Tal vez necesites ajustar las configuraciones de tu teléfono para activar el escaneo QR).*

¿No puedes escuchar en las aplicaciones de podcasts de Apple o Google? No te preocupes, ¡busca Destination YOUniversity donde normalmente escuchas tus podcasts!

COLEGAS QUE CONOZCO Y EN LOS QUE CONFÍO:

Stephanie Hancock, "La dama de la ayuda financiera"
https://www.collegeaidworks.com/

Jocelyn Paonita Pearson, El sistema de becas
https://thescholarshipsystem.com/

Julia Byrd, coach de redacción ensayos
https://essay-coach.com/

RECOMENDACIONES DE LA DRA. C

A continuación, te dejo una lista de libros que suelo leer, podcasts que escucho y organizadores que uso. ¿Por qué compartirte esto? Porque me hubiera encantado saber en el pasado lo que sé ahora.

LIBROS:

Atomic Habits

7 Habits of a Highly Effective Teen

The Success Principles: How to get from where you are to where you want to be

Rich Dad, Poor Dad

The Seven Spiritual Laws of Success

Don't Forget To Write: For secondary grades

You Are A Badass

PODCASTS:

Destination YOUniversity

How I Built This

30 for 30

Real Estate Rookie

Running It Back

YOUTUBE

Yoga with Adriene

TED

Let's Become Successful

Jimmy Kimmel Live

Clean & Delicious

ORGANIZADORES/DIARIOS:

Passion Planner

5-Minute Gratitude Journal

Oprah's The Life You Want Planner

All Journals from Journals Unlimited

My Hype Book

HISTORIAS DE ÉXITO

HISTORIAS DE ÉXITO: PADRES

"Mi hija parecía tener todas las piezas del rompecabezas, pero definitivamente necesitábamos orientación para ensamblarlas. En Dream College Academy (DCA, la versión online de este libro) encontró y aprendió a nutrir su proyecto apasionado. El taller de redacción le brindó las técnicas para resaltar sus ideas con claridad. Estoy agradecida de haber confiado en la Dra. Colón para ayudar a mi hija a alcanzar sus metas universitarias".

Cyntria R., Madre, Promoción 2022
Chicago, IL
Janah, Universidad de Princeton, Promoción 2026

"Al comienzo, mi hija mostró algo de resistencia, pero al final se decidió a participar en el College Essay BootCamp de 5 días. Se sintió tan satisfecha que terminó cuatro redacciones, las cuales adaptó para sus múltiples aplicaciones universitarias con preguntas adicionales. Empezar el último año escolar con 4 ensayos y una solicitud común ya completada es invaluable".

Rebecca C., Padre Promoción 2021
Mt. Kisco, NY
Julianna, Universidad de Cornell, Promoción 2025

" Mi hija se encontraba estancada en el proceso de solicitud universitaria. Estaba bombardeada con información de todos lados y se sentía superada. Aunque tenía una idea general del proceso de admisión, mis experiencias ya no eran relevantes. Ingresé a Bonnie en Dream College Academy (la versión online de "Con determinación, ¡logra la admisión!") durante las vacaciones de primavera, lo que le ayudó a aprender cómo investigar universidades alineadas con sus metas y a formular su lista de solicitudes. Luego, en verano, Bonnie asistió al College Essay BootCamp, donde produjo varios ensayos para usar en sus aplicaciones universitarias y de becas. A lo largo de todo el proceso, la Dra. C demostró un sincero interés en el éxito de Bonnie, brindándole apoyo y suministrando información actualizada y pertinente que disipó confusiones e iluminó su camino. Bonnie está más que feliz en la universidad de sus sueños, donde ahora sobresale mientras cursa su licenciatura en Danza".

Francie, Madre, Promoción 2021
Placentia, CA
Bonnie, Rutgers Mason Gross School of The Arts, Promoción 2025

"Fue un reto tener dos hijos atravesando simultáneamente el proceso de admisión universitaria: uno como estudiante que buscaba transferirse y otro en su último año de secundaria. Pero el estrés pronto se transformó en acción proactiva. El Dr. Colón potenció los temas de sus ensayos para que reflejaran su esencia auténtica. El enfoque estuvo en descubrir su "superpoder" y luego escribir con propósito sobre él. Hallaron temáticas que les permitieron realzar sus historias de manera genuina. Con su guía, se impulsó su habilidad de redacción, proporcionándoles una dirección clara para culminar sus ensayos. En tan solo 5 días, tomaron control de sus solicitudes y se sintieron empoderados. Observé que, conforme avanzaban los días y escribían más, el miedo se transformaba en logros. Estoy profundamente agradecida con la Dra. Colón por apoyar a mis hijos".

Veronica R., Madre, Promoción 2020 y 2022
Half Moon Bay CA
Roman, USC Marshall School of Business, Promoción 2024
Julio, USC Marshall School of Business, Promoción 2026

"Aunque mi esposa y yo fuimos los primeros en nuestras familias en asistir a la universidad y posteriormente nos dedicamos a la educación superior, pensamos que teníamos un buen entendimiento sobre el competitivo proceso actual de admisión. Sin embargo, las perspectivas de la Dra. Colón resultaron esenciales para preparar adecuadamente a nuestros hijos para sus propias postulaciones exitosas. Lo más valioso es que tomamos este libro cuando nuestra hija más joven estaba en 8º grado, permitiéndole aplicar los siete pasos durante toda su educación secundaria. Parte de su éxito en el proceso de admisión se lo atribuyo a las herramientas que este libro les ofreció".

Daniel S., Padre, Promoción 2021 y 2018
Muncie, IN
Kelby, Universidad DePauw, Promoción 2022
Brooke, Universidad Ball State, Promoción 2025

"Luego de buscar en línea, encontré a la Dra. Colón y mis dos hijos ingresaron a Dream College Academy (la versión online de este libro) durante su penúltimo año. A medida que se adentraban en el mundo de las admisiones universitarias, no podía dejar de pensar: ¡deberíamos haber iniciado con DCA mucho antes! Si buscas una guía más completa que la que pueda ofrecer el departamento de orientación de tu escuela, te insto a explorar el libro de la Dra. Colón, "Con determinación, ¡logra la admisión!" y/o a inscribir a tus hijos en Dream College Academy durante su 9º o 10º grado".

Sarah P., Madre de gemelos, Promoción 2022
Escuelas públicas de Brewster Nueva York
Sean, Universidad de Virginia, Promoción 2026
John, North Carolina State, Promoción 2026

"El proceso de admisión universitaria parecía una montaña inescalable hasta que encontramos a la Dra. Cynthia Colón. Mi hija se incorporó a la Dream College Academy de la Dra. Colón (la versión en línea de "Con determinación, ¡logra la admisión!") y también dedicó una semana del verano al College Essay Boot Camp. El ensayo es lo que realmente destaca a tu hijo entre la multitud, y contar con la Dra. Colón y su equipo para asesorarlo es una ventaja invaluable. Te recomiendo empezar con su libro; la Dra. Colón es accesible, empática y sumamente informada".

Karen H., Madre, Promoción 2022
Costa Mesa, CA
Lauren, Escuela de Negocios U Wisconsin, Promoción 2026

"La Dra. Colón irradia conocimiento, pasión, energía y dedicación. Se interesa genuinamente por sus estudiantes, ayudándoles a descubrir lo que los hace únicos y orientándolos para plasmar sus vivencias. Mi hija mayor concluyó el Essay BootCamp con una serie de redacciones que empleó en más de 30 complementos de solicitud. No pasó mucho tiempo antes de que inscribiéramos a su hermana menor, obteniendo resultados igualmente destacados. Aunque mis hijas tienen personalidades distintas, ambas adquirieron un profundo entendimiento sobre redacción y el proceso de admisión. Como resultado, ¡ambas fueron aceptadas en sus universidades de preferencia con becas por méritos destacados!".

Denise B., Madre, Promoción 2021 y 2023
Brooklyn, NY
Alexandra, Holy Cross, Promoción 2025
Ava, Duke University, Promoción 2027

"A pesar de ser siempre un joven exitoso, a Will le costaba mostrar su mejor versión en los ensayos universitarios. Las técnicas de introspección y la estrategia de redacción del Dr. C. brindaron a Will las herramientas para identificar sus fortalezas, aportes y logros, y después plasmarlos en relatos auténticos. En lugar de sentirse intimidado por el proceso de escritura, comenzó a emocionarse al ver las mejoras en cada revisión, con sus ensayos evolucionando de buenos a sorprendentes. Ya sea que tu hijo aspire a una universidad prestigiosa o simplemente quiera presentarse de la mejor manera en una solicitud, este es el punto de partida. Lee este libro, toma acción y luego, ¡inscríbete en los cursos! ¡Fue la mejor decisión de mi vida!"

Leanne H., Madre, Promoción 2020
Huntington Beach, CA
Will, UCLA, Promoción 2024

193

"Hola Dra. C - ¡con su ayuda mi hija mayor, Madeline, fue aceptada en Tulane y mi hijo menor, Liam, fue aceptado en la Universidad de Virginia! ¡MUCHAS GRACIAS! Sigo recomendándola aquí en el norte de Virginia".

Eugene S., Padre, Promoción 2021 y 2023
Virginia del Norte
Madeline, Tulane, Promoción 2025
Liam, Universidad de Virginia, Promoción 2027

"Mi hijo y yo nos adentramos en el libro de la Dra. Colón, "Con determinación, ¡logra la admisión!". Con esa dosis de sabiduría, sus consejos y técnicas ya habrían sido de gran ayuda. Por su cuenta, estoy convencida de que él podría haber finalizado sus solicitudes y estas hubieran sido "bastante buenas". Pero a través de sus cursos y el asesoramiento personalizado, la Dra. Colón tomó un rol activo de guía, motivando a mi hijo a superarse más de lo que él mismo creía posible. El resultado es una sensación de éxtasis y tranquilidad, al estar seguros de que dio lo mejor de sí. Este proceso lo ha transformado para bien y estamos ansiosos por ver los frutos de su esfuerzo".

Cynthia M., Madre, Promoción 2023
Los Alamitos, CA
Colin, admitido en la Universidad de California, Santa Bárbara, Universidad de Purdue, U Florida, Universidad Estatal de Arizona

---

"Gracias a los seminarios en línea de la Dra. C, su Essay Bootcamp, el podcast Destination YOUniversity y su enriquecedor libro "Con determinación, ¡logra la admisión!", nuestro hijo logró comprometerse, esforzarse al máximo y redactar ensayos para sus numerosas solicitudes universitarias. No hemos encontrado a nadie que combine el conocimiento, carisma, profesionalismo, afecto y dedicación que la Dra. Colón brinda a estudiantes y padres. ¡No lo dudes y comienza tu proceso con ella cuanto antes!"

Martha M., Madre, Promoción 2023
Chula Vista, CA
Esteban, admitido en USC, Universidad de Santa Clara, Universidad Loyola Marymount, Universidad de San Diego

HISTORIAS DE ÉXITO: ESTUDIANTES

"La Dra. Colón depositó una fe genuina en mis metas académicas y vio en mí un potencial que iba más allá de la universidad. Entendí, con su guía, que la universidad no es el destino final, sino un medio para alcanzar mis verdaderas metas y propósitos en la vida. Gracias a Dream College Academy (la versión en línea de este libro), al College Essay BootCamp y al acompañamiento personalizado con la Dra. C, supe cómo integrar mis actividades, logros académicos, intereses y pasiones en un relato coherente. De este modo, pude comunicar de manera convincente mi visión de futuro a cada institución. La Dra. Colón compartió conmigo estrategias de admisión y valiosos consejos para redacción que no habría conocido de otra manera. Pero lo que más valoro es que me inspiró a expresar y seguir mis sueños con convicción, autenticidad y pasión".

Janah R., Promoción 2022
Chicago, IL
Princeton, Promoción 2026

"Estoy profundamente agradecida por el College Essay Bootcamp de la Dra. C. Colaborar con ella fue revelador y me permitió ver el potencial que poseía para ingresar a prestigiosas instituciones. En ese momento, me sentía abrumada con numerosos cursos avanzados y participación en diversos clubes y equipos de la escuela. Por lo mismo, las postulaciones universitarias estaban relegadas en mi lista de prioridades. Afortunadamente, con la guía de la Dra. C, logré plasmar todas mis experiencias en ensayos auténticos y bien redactados".

Celeste N., Promoción 2022
Lynwood, CA
Stanford, Promoción 2026

"La Dra. Colón ha sido un ángel en mi camino; sinceramente, no conozco a otra profesional tan entregada y comprometida con el éxito de TODOS sus estudiantes. Mi recorrido hacia la universidad no fue el típico, opté por iniciar en una universidad comunitaria y, pese a mis esfuerzos, las universidades a las que postulé me rechazaron. Pero la Dra. C entendió mis aspiraciones y me brindó las herramientas necesarias para triunfar. Su conocimiento en el proceso de admisión es incomparable, te aseguro que no lo hallarás en otro lugar. Luego de sumergirme en el Dream College Academy (versión en línea del libro), me sentí equipada para encarar el proceso de admisión y, efectivamente, logré ingresar a la UC Berkeley. La Dra. C es insuperable, ¡desearía haberla conocido mucho antes!"

Cosette R., Promoción 2018
Silver Spring, MD
UC Berkeley, Promoción 2023

"El bootcamp de la Dra. C fue mi salvavidas durante el proceso de admisión universitaria. Siempre he sido una estudiante decidida, pero la escritura nunca fue mi punto fuerte. Definitivamente, necesitaba orientación. Tras cinco días junto a la Dra. C y su talentoso equipo, terminé el campamento con SIETE ensayos bajo el brazo y una confianza renovada en cómo abordar las solicitudes para las universidades. A lo largo de este proceso, no sólo aprendí sobre cómo presentar mi solicitud, sino también mucho sobre mí misma. Ahora, cursando mi segundo año en la universidad que siempre soñé, estoy convencida de que todo lo que asimilé en ese campamento fue clave para estar donde estoy".

Jules C., Promoción 2021
Mt. Kisco, NY
Universidad de Cornell, Promoción 2025

"Las clases de redacción de la Dra. C. no solo potenciaron mi confianza en mis habilidades, sino que también me ayudaron a mejorar como escritora. La enseñanza de la Dra. C fue crucial para mi exitosa postulación a la universidad. Y aún hoy, durante mi licenciatura, sigo aplicando los consejos y técnicas que aprendí con ella".

Ashley H., Promoción 2021
UCLA, Promoción 2025

"El proceso de postulación a las universidades me tenía muy estresada. Sin embargo, los talleres de la Dra. C no solo me pusieron en el rumbo adecuado, sino que también fueron fundamentales para que lograra ser admitida en varias instituciones, ¡incluyendo mi primera opción! Gracias al College Essay Bootcamp, pude estructurar y decidir a qué universidades postular. Ordené todos mis documentos de aplicación sin ningún tipo de agobio. Su taller intensivo de redacción me permitió iniciar, revisar y concluir 8 diferentes ensayos en tan solo 5 días. Independientemente de tus metas académicas, ¡es momento de actuar! La Dra. C es la experta a quien debes acercarte. Agradezco de corazón, Dra. C".

Bonnie Q., Promoción 2021
Rutgers Mason Gross School of The Arts, Promoción 2025

"Bajo la incomparable guía de la Dra. C, logré confeccionar un conjunto sobresaliente de ensayos que reflejan mi esencia en cada línea. Este proyecto me brindó la seguridad y las herramientas para escribir acerca de cualquier tema, por más atípico que pareciera. Finalicé el taller con ocho ensayos casi perfectos y culminé la temporada de postulaciones con un total de veinte aplicaciones y más de treinta ensayos. Este prestigioso programa me ha acompañado desde el inicio de mi solicitud hasta mi actual paso por la prestigiosa universidad a la que pertenezco. Le debo muchísimo a la Dra. C, ya que he tenido la fortuna de contar con su maravillosa orientación como estudiante y mentoría. La Dra. C cree en cada uno de sus Soñadores. Me siento honrada de ser una de esas soñadoras que sigue sus sueños".

Alexandra B., Promoción 2021
Brooklyn, Nueva York
College of the Holy Cross, Promoción 2025

"Mediante sus eficientes talleres de redacción, sus inspiradores episodios de podcast y sus seminarios web tan enriquecedores, la Dra. C trazó para mí un plan concreto para mi postulación universitaria. Sin embargo, más allá de eso, me ayudó a tener confianza en mí mismo y a transmitir mis cualidades, personalidad y trayectoria a los encargados de admisiones a través de excepcionales revisiones de ensayos y un currículum contundente. Agradezco profundamente haber conocido y trabajado con la Dra. Cynthia Colon, pues ha sido un pilar en mi transformación y preparación hacia un futuro prometedor".

Esteban M., Promoción 2023
Chula Vista, CA
Esteban, admitido en USC, Universidad de Santa Clara, Universidad Loyola Marymount, Universidad de San Diego

---

"Con el vasto conocimiento, la energía contagiosa y los recursos efectivos de la Dra. Colón, mi estresante proceso de admisión universitaria se convirtió en una gratificante experiencia de autoexpresión. Durante el bachillerato, plasmar mis pasiones más profundas en papel, de manera que resonara con las preguntas de los ensayos, se me dificultaba. Sin embargo, gracias al Essay Bootcamp, logré escribir relatos auténticos que me llenaron de orgullo y reflejaron la persona en la que me he transformado. La Dra. Colón es insustituible. Su habilidad singular para guiar a los estudiantes a descubrir su propio éxito es inigualable. Estoy inmensamente agradecida por haber elegido a la Dra. Colón como guía académica y consejera en la vida".

Jolene R., Promoción 2023
Torrance, CA
Boston College, Promoción 2027

"La Dra. C. vale la pena al 1000%. Mi postulación no habría sido tan firme sin su asesoramiento. Es una experta en todo lo relacionado con el proceso universitario y, debido a su experiencia, logró simplificar y hacer más llevadero mi proceso de solicitud. Sus retroalimentaciones y directrices son de oro, y logró sacar lo mejor de mí en mi postulación. No dejes pasar más tiempo, ¡abre este libro y comienza a seguir los consejos de la Dra. C hoy mismo!"

Matteo S., Promoción 2023
Oakland, CA
Admitido en la Universidad de California en Santa Bárbara, UC San Diego, Northeastern University

"Luego de participar en el College Essay Bootcamp, generé una cantidad impresionante de ensayos que me abrieron las puertas a múltiples aceptaciones y becas fabulosas, y todo eso antes de las fiestas decembrinas. La Dra. Colón y su equipo logran que cada día sea relajado y, al mismo tiempo, entretenido y productivo. A pesar de mis inseguridades iniciales con respecto a mi escritura, los instructores nunca desistieron y me enseñaron a explorar profundamente, asegurando que las palabras fluyeran. En ese breve pero valioso tiempo, descubrí mi voz y gané confianza para realmente destacar en mis postulaciones".

Ava B., Promoción 2023
Brooklyn, NY
Universidad de Duke, Promoción 2027

"A lo largo de mi trabajo con la Dra. Colón, la he llegado a considerar no sólo como mentora, sino también como una amiga. Su trato cálido y sus perspicaces consejos siempre me sorprenden con información novedosa sobre el proceso de admisión. Ella te motiva a dar lo mejor, y celebra contigo cada pequeño logro. Definitivamente, no lo habría logrado tan bien por mi cuenta. Por ello, le estoy profundamente agradecida por acompañarme en mi proceso de admisión universitaria".

Siena M., Promoción 2023
Long Beach, CA
Admitida en: Universidad de California en Berkeley, UC Santa Barbara, UC San Diego, Universidad de Washington

---

"Colaborar con Dream College Academy me brindó claridad en un proceso que inicialmente me parecía abrumador. La Dra. C me iluminó sobre las características de los candidatos ideales. Me hizo valorar mis logros durante la secundaria y me dotó de la confianza para redactar ensayos atrayentes. El College Essay Bootcamp me mostró que, con metas definidas, puedo alcanzar cualquier objetivo. Estoy orgulloso de afirmar que los programas de la Dra. Colon me han posicionado donde estoy hoy, habiendo sido aceptado en las universidades que soñaba".

Malik K., Promoción 2023
Alexandria, VA
Admitido en: Universidad de Virginia, William and Mary, Universidad de Tulane, Penn State

199

"La guía de la Dra. C durante mi proceso de postulación universitaria fue inigualable. Su College Essay Bootcamp y su asesoramiento personalizado me enseñaron a estructurar mi lista de actividades y a redactar mis ensayos de manera que pudiera transmitir de forma persuasiva mi historia y mis metas a las universidades. La Dra. C también me ofreció innumerables recomendaciones y consejos prácticos durante todo el proceso, dándome la certeza de que mis postulaciones estaban optimizadas al máximo. No solo era excepcional asesorándome sobre las solicitudes universitarias, sino que también se convirtió en una de mis más grandes aliadas y apoyos. Era evidente que la Dra. C creía firmemente en mis aspiraciones universitarias, lo que reforzó mi autoconfianza. Su orientación fue esencial para ser aceptado en varias de mis universidades soñadas".

Alexis C., Promoción 2023
Placentia, CA
Admitido en: Yale, Cornell, U Pennsylvania, Northwestern, UCLA, Berkeley